Het ultieme kookboek voor barsnacks en vierkantjes

100 HARTIGE EN ZOETE RECEPTEN VOOR ELK FEESTJE

Mare Hofman

© Auteursrecht 2024
- Alle rechten voorbehouden.

Het volgende boek wordt hieronder gereproduceerd met als doel om informatie te verstrekken die zo nauwkeurig en betrouwbaar mogelijk is. Hoe dan ook, de aankoop van dit boek kan worden gezien als toestemming voor het feit dat zowel de uitgever als de auteur van dit boek op geen enkele manier experts zijn op het gebied van de onderwerpen die erin worden besproken en dat alle aanbevelingen of suggesties die hierin worden gedaan alleen voor entertainmentdoeleinden zijn. Professionals dienen indien nodig te worden geraadpleegd voordat er een van de hierin onderschreven acties wordt ondernomen.

Deze verklaring wordt door zowel de American Bar Association als het Committee of Publishers Association als eerlijk en geldig beschouwd en is juridisch bindend in de hele Verenigde Staten.

Bovendien zal de overdracht, duplicatie of reproductie van een van de volgende werken, inclusief specifieke informatie, worden beschouwd als een illegale handeling, ongeacht of dit elektronisch of in druk gebeurt. Dit strekt zich uit tot het maken van een secundaire of tertiaire kopie van het werk of een opgenomen kopie en is alleen toegestaan met de uitdrukkelijke schriftelijke toestemming van de uitgever. Alle aanvullende rechten voorbehouden.

De informatie op de volgende pagina's wordt over het algemeen beschouwd als een waarheidsgetrouw en nauwkeurig verslag van feiten en als zodanig zal elke onoplettendheid, gebruik of misbruik van de betreffende informatie door de lezer alle resulterende acties uitsluitend onder hun bevoegdheid laten vallen. Er zijn geen scenario's waarin de uitgever of de oorspronkelijke auteur van dit werk op enigerlei wijze aansprakelijk kan worden gesteld voor enige tegenslag of schade die hen kan overkomen na het ondernemen van de hierin beschreven informatie.

Bovendien is de informatie op de volgende pagina's alleen bedoeld voor informatieve doeleinden en moet daarom als universeel worden beschouwd. Zoals passend bij de aard ervan, wordt het gepresenteerd zonder garantie met betrekking tot de verlengde geldigheid of tussentijdse kwaliteit. Handelsmerken die worden genoemd, worden gedaan zonder schriftelijke toestemming en kunnen op geen enkele manier worden beschouwd als een goedkeuring van de handelsmerkhouder.

Samenvatting

INVOERING..8

BROWNIES EN FUDGE..9
A) CHOCOLADE-HAZELNOOT BROWNIES..................9
B) CHOCOLADE BROWNIES..12
C) ROCKY ROAD BROWNIES......................................14
D) PINDA EN JELLY FUDGE..16
E) AMANDELFUDGE ZONDER BAKKEN......................18
F) PROTEÏNEREPEN VAN RED VELVET FUDGE.........20
G) FUDGE-HAPJES..22
A) GEGLAZUURDE MOKKA BROWNIES....................24
B) PECANNOTENBOTER CHIAZAAD BLONDIES........26
C) APPEL BROWNIES...29
D) BROWNIES MET PEPERMUNTSCHORS................30
E) KETO PINDAKAAS FUDGE REPEN........................32
F) FAVORIETE COURGETTE BROWNIES...................35
G) MOUTCHOCOLADEBROWNIES.............................37
H) DUITSE CHOCOLADE BROWNIES........................39
16. MATCHA GROENE THEE FUDGE........................41
17. PEPERKOEK BROWNIES.....................................43
18. HONING CHOCOLADE BROWNIES....................45
19. MUNT BROWNIES..47
20. PECAN BROWNIES..49
21. MUNT BROWNIES MET TOFFEESAUS...............51
22. CHOCOLADE- EN NOOTMUSKAATBROWNIES..55
23. PINDAKAAS SWIRL BROWNIE.............................58
24. POMPOEN BROWNIES..60

SCHORS, PRETZELS & NOUGATINES..........................62

25. PEPERMUNT BOEDDHA SCHORS.......................63

26. Chocolade schors met gekonfijte pecannoten 66
a) Pecannotenboter chiazaad blondies 68
28. Gedroogde mango gedoopt in chocolade 71
29. Pretzelstaafjes met witte chocolade 73
30. Chocolade-gedoopte nougatine 75

DESSERT TRUFFELS & BALLEN 77

31. Pindakaasballetjes 78
32. Ancho chile truffels 80
33. Chocolade Truffels 82
34. Chocolade-overgoten kersen 84
35. Napolitaanse fudge 86
36. Broccoli-kaasballetjes 88
37. In chocolade gedoopte kersen 90
38. Muntpasteitjes 92
39. Kokosnoot Marshmallow Ballen 94
40. Pindakaas Goo Balls 96
41. Sneeuwballen 98

DESSERT VET BOMMEN 100

Napolitaanse vetbommen 101
Esdoorn- en spekvetlolly's 103
a) Kokosnoot-sinaasappel vetbommen 106
a) Jalapeno-bommen 108
1. Pizza vetbommen 110
2. Pindakaas vetbommen 112
Esdoorn pecan fat bomb repen 114
Kaasachtige spekbommen 117
Karamel spek Fat Pop 120
3. Gezouten karamel cashewnotenrepen 123
4. Pistache karamels 126
5. Key lime vierkantjes 128

6. Witte chocolade granola bites..130
7. Gesuikerde spek-toffee vierkantjes...132
8. Karamel Walnoot Droomrepen..135
9. Chronische pecannotenrepen...137
16. Amandelboter chia vierkantjes...139
16. Chiazaad Nuggets..142
18. Chocolade Proteïne Notenrepen..145
19. Duitse chocolade-eiwitrepen..147
20. Blueberry Bliss Proteïne Repen..149
21. Chocolade Chip Pindakaas Proteïne Repen.........................151
22. Rauwe Pompoen Hennepzaad Proteïne Repen...................153
23. Gember Vanille Proteïne CrunchBars..................................155
24. Pindakaas Pretzel Bars..157
25. Cranberry Amandel Proteïnerepen......................................159
26. Triple Chocolade Proteïne CakeBars....................................161
27. Frambozen-chocolade repen..164
28. Pindakaas koekjesdeeg repen..165
29. Muesli Proteïne Repen..167
30. Worteltaart Proteïne Repen...169
31. Sinaasappel- en Goji-bessenrepen......................................172
32. Aardbeien Ripe Proteïne Bar..174
33. Mokka Proteïne Repen...176
34. Bananen Chocolade Proteïne Repen...................................178
35. Hemelse rauwe repen...180
36. Monsterrepen..182
37. Blauwe bessen crumble repen...184
38. Gumdrop-repen..186
39. Gezouten Noten Roll Bars..188
40. Zwarte Woud Kersenrepen..190
41. Cranberry Popcornrepen..190
42. Hallo Dolly Bars..193
43. Ierse roomrepen...195
44. Bananen Swirl Bars..197
45. Pompoen Cheesecake Bars..199

46. Granola-repen..201
47. Pompoen Havermout AnytimeSquares..203
48. Red Velvet Pompoenrepen..206
49. Sneeuwachtige citroenrepen..208
50. Makkelijke Butterscotch Bars..210
51. Kersen Amandelreep..212
52. Karamel Crunch Bars..214
53. Tweemaal Gebakken Popcornrepen..217
54. No-Bake Koekjesrepen..219
55. Amandel-citroenrepen..221
56. Chocolade reep..225
57. Havermoutrepen..227
58. Kauwbare Pecannotenrepen..229

CONCLUSIE..232

INVOERING

Wat is een brownie? Brownie is een vierkant of rechthoekig chocoladegebakken dessert. Brownies zijn er in verschillende vormen en kunnen fudgy of cakey zijn, afhankelijk van hun dichtheid. Ze kunnen noten, glazuur, roomkaas, chocoladechips of andere ingrediënten bevatten.

Wat zijn fat bombs? Fat bombs zijn koolhydraatarme en suikervrije zoetigheden, meestal gemaakt met kokosolie, kokosboter, roomkaas, avocado en/of notenboter. Vrijwel alles met veel vet, suikervrij en weinig koolhydraten kan een fat bomb worden.

Wat zijn dessertballen? In principe is het een rijke zoete lekkernij gemaakt met suiker en vaak op smaak gebracht of gecombineerd met fruit of noten. Wat zou er beter kunnen zijn dan een decadent dessert? Eentje in de vorm van een bal!

Vanaf nu is het bakken van brownies, een vetbommetje of een dessertbal net zo makkelijk als het pakken van de koek, dankzij deze recepten.

Laten we beginnen!

BROWNIES EN FUDGE
a) **Chocolade-hazelnoot brownies**

Ingrediënten:
- 1 kopje ongezoete cacaopoeder
- 1 kopje bloem voor alle doeleinden
- 1 theelepel bakpoeder
- ¼ tl zout
- 2 eetlepels ongezouten boter
- 8 eetlepels boter
- 1½ kopje donkerbruine suiker, stevig aangedrukt
- 4 grote eieren
- 2 tl vanille-extract
- ½ kopje melkchocoladechips
- ½ kopje halfzoete chocoladechips
- ½ kopje geroosterde hazelnoten, gehakt

a) Verwarm de oven voor op 171°C (340°F). Bestrijk een bakvorm van 23×33 cm (9×13 inch) licht met antiaanbakspray en zet opzij. Meng in een middelgrote kom ongezoete cacaopoeder, bloem voor alle doeleinden, bakpoeder en zout. Zet opzij.
b) Smelt in een dubbele boiler op laag vuur ongezouten boter en boter. Haal van het vuur zodra het gesmolten is en roer er donkerbruine suiker door. Giet het boter-suikermengsel in het bloemmengsel en roer tot het gemengd is.
c) Klop in een grote kom de eieren en het vanille-extract met een elektrische mixer op gemiddelde snelheid gedurende 1 minuut. Voeg langzaam het boter-bloemmengsel toe en meng nog 1 minuut tot het net gemengd is. Voeg melkchocoladechips, halfzoete chocoladechips en hazelnoten toe en klop een paar seconden om het snel te verdelen.
d) Giet het mengsel in de voorbereide pan en bak gedurende 23 tot 25 minuten of tot de bovenkant er donker en droog uitziet. Laat volledig afkoelen in de pan voordat u het in 24 stukken snijdt en op een bord legt.

e) Bewaren: Goed verpakt in plasticfolie kun je het 4 tot 5 dagen in de koelkast bewaren, of 4 tot 5 maanden in de vriezer.

b) Chocolade Brownies

Ingrediënten:
10. 1/4 kopje boter
11. 1/4 kopje normale boter
12. 2 eieren
13. 1 theelepel vanille-extract
14. 1/3 kopje ongezoet kokospoeder
15. 1/2 kopje bloem voor alle doeleinden
16. 1/4 theelepel zout
17. 1/4 theelepel bakpoeder

Voor het glazuur:
- 3 eetlepels boter, verzacht
- 1 theelepel boter, verzacht
- 1 eetlepel honing
- 1 theelepel vanille-extract
- 1 kopje suiker

Routebeschrijving:
- Verwarm de oven voor op 175 graden Celsius.
- Vet een vierkante bakvorm van 20 cm in en bestuif deze met bloem.
- Smelt in een grote pan op heel laag vuur 1/4 kopje boter en 1/4 kopje boter.
- Haal van het vuur en roer er suiker, eieren en 1 theelepel vanille door. Klop er 1/3 kopje cococoa, 1/2 kopje bloem, zout en bakpoeder door. Verdeel het beslag in de voorbereide pan.
- Bak in voorverwarmde oven gedurende 25 tot 30 minuten. Maak je niet te druk.

Voor glazuur:

Meng 3 eetlepels zachte boter en 1 theelepel boter; voeg eetlepels cacao, honing, 1 theelepel vanille-extract en 1 kopje suiker toe. Roer tot een glad mengsel.

c) Rocky Road Brownies

Opbrengst: 12 brownies

Ingrediënten:
- 1/2 kopje cannabis-boter
- 1/8 kopje boter
- 2 ons ongezoete chocolade
- 4 ounces bittere of halfzoete chocolade
- 3/4 kop alledaags meel
- 1/2 theelepel zout
- 1 kopje kristalsuiker
- 2 grote eieren
- 1 theelepel vanille-extract
- 3/4 kopje geroosterde amandelschijfjes
- 1 kopje mini-marshmallows

Routebeschrijving:
1. Verwarm de oven voor op 175 graden Celsius. Bekleed een vierkante bakvorm van 20 cm met aluminiumfolie en vet de folie in met boter of plantaardig bakvet.
2. Smelt de cannaboter, boter en chocolade op laag vuur in een middelgrote sauspan en roer regelmatig. Zet opzij om 5 minuten te laten afkoelen.
3. Roer de bloem en het zout door elkaar en zet het opzij.
4. Roer de suiker door de gesmolten cannaboter tot alles goed gemengd is.
5. Klop de eieren en vanille erdoor en blijf mixen tot alles goed is opgenomen.
6. Meng de bloem en het zout erdoor tot het geheel net gemengd is.
7. Houd een half kopje van het browniebeslag apart en giet de rest in de voorbereide pan.
8. Bak het beslag ongeveer 20 minuten in de pan. Terwijl het bakt, bereid je de topping door het overgebleven beslag met de geroosterde amandelen en marshmallows door elkaar te roeren.
9. Nadat het beslag 20 minuten in de pan heeft gebakken, haal je het uit de oven.

10. Bestrijk de halfgebakken brownies met de topping en zet ze terug in de oven. Bak ze nog ongeveer 10 minuten of tot de marshmallows bruin zijn en je er met een tandenstoker in het midden nog een paar vochtige kruimels aan kunt hangen. Laat de brownies afkoelen in de pan voordat je de aluminiumfolie gebruikt om de brownies eruit te halen en in stukken te snijden.

d) Pinda en Jelly Fudge

Ingrediënten:

- Ahornsiroop, ¾ kopje
- Vanille-extract, 1 theelepel
- Pinda's, 1/3 kopje, gehakt
- Pindakaas, ¾ kopje
- Gedroogde kersen, 1/3 kopje, in blokjes gesneden
- Chocolade-eiwitpoeder, ½ kopje

Methode:

- Hak de pinda's en kersen fijn en zet ze apart.
- Verwarm de maple syrup op laag vuur en giet de pindakaas in een kom. Meng tot het glad is.
- Voeg vanille en proteïnepoeder toe en roer goed tot het geheel gemengd is.
- Voeg nu de pinda's en kersen toe en roer voorzichtig maar snel.
- Giet het beslag in een pan en zet het in de vriezer tot het stijf is.
- Snijd de taart in repen zodra deze gestold is en geniet ervan.

e) Amandelfudge zonder bakken

Ingrediënten:
- Havermout, 1 kopje, gemalen tot meel
- Honing, ½ kopje
- Snelle havermout, ½ kopje
- Amandelboter, ½ kopje
- Vanille-extract, 1 theelepel
- Vanille-eiwitpoeder, ½ kopje
- Chocoladechips, 3 eetlepels Crispy rijstpap, ½ kopje

Methode:
- Spuit een broodvorm in met kookspray en zet apart. Meng rijstpap met havermeel en havermout. Zet apart.
- Smelt de amandelpasta met de honing in een pan en voeg vervolgens de vanille toe.
- Doe dit mengsel in de kom met de droge ingrediënten en meng het goed.
- Doe het mengsel in de pan en strijk het glad met een spatel.
- Zet het 30 minuten in de koelkast, of tot het stevig is.
- Smelt ondertussen de chocolade.
- Haal het mengsel uit de pan en druppel er gesmolten chocolade overheen. Zet het opnieuw in de koelkast tot de chocolade hard wordt en snijd het dan in repen van de gewenste grootte.

f) Proteïnerepen van Red Velvet Fudge

Ingrediënten:
a) Geroosterde bietenpuree, 185 g
b) Vanillebonenpasta, 1 theelepel
c) Ongezoete sojamelk, ½ kopje
d) Notenboter, 128 g
e) Roze Himalayazout, 1/8 theelepel
f) Extract (boter), 2 theelepels
g) Rauwe stevia, ¾ kopje
h) Havermeel, 80 g
i) Proteïnepoeder, 210 g

Methode:
a) Smelt boter in een pan en voeg havermeel, proteïnepoeder, bietenpuree, vanille, extract, zout en stevia toe. Roer tot het gemengd is.
b) Voeg nu de sojamelk toe en roer tot het goed is opgenomen.
c) Giet het mengsel in een pan en laat het 25 minuten in de koelkast staan.
d) Wanneer het mengsel stevig is, snijdt u het in 6 repen en eet u het op.

g) Fudge-hapjes

Porties: 6-8

Ingrediënten:

- 1/2 kopje boter
- 1/2 kopje amandelboter
- 1/8 tot 1/4 kopje honing
- 1/2 banaan, gepureerd
- 1 tl. Vanille-extract
- elke soort notenpasta
- 1/8 kopje gedroogd fruit
- 1/8 kopje chocoladechips

Routebeschrijving:

a) Doe alle ingrediënten in een blender of keukenmachine. Meng een paar minuten tot het glad is. 2. Giet het beslag in een cakevorm met bakpapier.
b) Voor grotere stukken, gebruik een mini broodvorm of verdubbel het recept. Koel of vries in tot het stevig is. Snijd in 8 gelijke vierkanten.

c)

a) Geglazuurde Mokka Brownies

- 1 kopje suiker
- 1/2 kopje boter, zacht
- 1/3 kopje bakcacao
- 1 tl. instantkoffiekorrels
- 2 eieren, losgeklopt
- 1 tl vanille-extract
- 2/3 kopje bloem voor alle doeleinden
- 1/2 tl bakpoeder
- 1/4 tl zout
- 1/2 kopje gehakte walnoten

- Meng suiker, boter, cacao en koffiekorrels in een pan. Kook en roer op middelhoog vuur tot de boter is gesmolten. Haal van het vuur; laat 5 minuten afkoelen. Voeg eieren en vanille toe; roer tot het net gemengd is.
- Meng bloem, bakpoeder en zout; vouw er noten door. Verdeel het beslag over een ingevette bakvorm van 9"x9". Bak op 350 graden gedurende 25 minuten, of tot het gaar is.
- Laat afkoelen in de pan op een rooster. Verdeel Mocha Frosting over afgekoelde brownies; snijd in repen. Voor één dozijn.

b) Pecannotenboter chiazaad blondies

INGREDIËNTEN

- 2 1/4 kopjes pecannoten, geroosterd
- 1/2 kopje Chiazaad
- 1/4 kopje boter, gesmolten
- 1/4 kopje Erythritol, gepoederd
- eetlepels SF Torani gezouten

Karamel

a) druppels vloeibare stevia
b) grote eieren
c) 1 tl bakpoeder
d) 3 eetlepels slagroom
e) 1 snufje zout

ROUTEBESCHRIJVING

- Verwarm de oven voor op 175°C. Meet 2 1/4 kopje pecannoten af
- Maal 1/2 kopje hele chiazaden in een kruidenmolen tot er een meel ontstaat.
- Haal het chiameel eruit en doe het in een kom. Maal vervolgens 1/4 kopje Erythritol in een kruidenmolen tot poeder. Doe het in dezelfde kom als het chiameel.
- Doe 2/3 van de geroosterde pecannoten in een keukenmachine.
- Verwerk de noten en schraap indien nodig de zijkanten naar beneden, totdat er een gladde notenpasta ontstaat.
- Voeg 3 grote eieren, 10 druppels vloeibare stevia, 3 eetlepels SF Salted Caramel Torani Syrup en een snufje zout toe aan het chiamengsel. Meng dit goed door elkaar.
- Voeg pecannotenboter toe aan het beslag en meng opnieuw.
- Gebruik een deegroller om de rest van de geroosterde pecannoten in stukken te breken in een plastic zak.

- Voeg gemalen pecannoten en 1/4 kopje gesmolten boter toe aan het beslag.
- Meng het beslag goed en voeg dan 3 eetlepels slagroom en 1 theelepel bakpoeder toe. Meng alles goed door elkaar.
- Giet het beslag in een bakvorm van 23×23 cm en strijk het glad.
- Bak gedurende 20 minuten of tot de gewenste dikte is bereikt.
- Laat ongeveer 10 minuten afkoelen. Snijd de randen van de brownie af om een uniform vierkant te maken. Dit is wat ik "de bakkerstraktatie" noem - ja, je raadt het al!
- Snack van die bad boys terwijl je ze klaarmaakt om aan iedereen te serveren. Het zogenaamde "beste deel" van de brownie zijn de randen, en daarom verdien je het om alles te hebben.
- Serveer en eet zoveel je wilt (of liever gezegd macro's)!

c) Appel Brownies

a) 1/2 kopje boter, zacht
b) 1 kopje suiker
c) 1 tl vanille-extract
d) 1 ei, losgeklopt
e) 1-1/2 kopje bloem voor alle doeleinden
f) 1/2 tl bakpoeder

- Verwarm de oven voor op 175 graden Celsius. Vet een ovenschaal van 23x23 cm in.
- Klop in een grote kom de gesmolten boter, suiker en ei tot een luchtig mengsel. Vouw de appels en walnoten erdoor. Zeef in een aparte kom de bloem, zout, bakpoeder, baking soda en kaneel.
- Roer het bloemmengsel door het natte mengsel tot het net gemengd is. Verdeel het beslag gelijkmatig in de voorbereide bakvorm.
- Bak het 35 minuten in de voorverwarmde oven, of totdat een in het midden gestoken tandenstoker er schoon uitkomt.

d) Brownies met pepermuntschors

- 20-oz. verpakking fudge brownie mix
- 12-oz. verpakking witte chocolade chips
- 2 tl margarine
- 1-1/2 kopje zuurstokken, vermalen

1. Bereid en bak de browniemix volgens de aanwijzingen op de verpakking, met behulp van een ingevette 13"x9" bakvorm. Laat na het bakken volledig afkoelen in de vorm.
2. Smelt in een pan op heel laag vuur de chocoladechips en margarine, onder voortdurend roeren met een rubberen spatel. Verdeel het mengsel over de brownies; bestrooi met gemalen snoep.
3. Laat ongeveer 30 minuten staan voordat u in vierkantjes snijdt. Voor 2 dozijn.

e) Keto pindakaas fudge repen

INGREDIËNTEN

De korst
a) 1 kopje amandelmeel
b) 1/4 kopje boter, gesmolten
c) 1/2 tl. Kaneel
d) 1 eetlepel Erythritol
e) Snufje zout

De Fudge
a) 1/4 kopje slagroom
b) 1/4 kopje boter, gesmolten
c) 1/2 kopje pindakaas
d) 1/4 kopje Erythritol
e) 1/2 tl. Vanille-extract
f) 1/8 theelepel Xanthaangom

De toppings
g) 1/3 kopje Lily's chocolade, gehakt

ROUTEBESCHRIJVING

- Verwarm de oven voor op 400°F. Smelt 1/2 kopje boter. De helft is voor de korst en de andere helft voor de fudge. Meng het amandelmeel en de helft van de gesmolten boter.
- Voeg erythritol en kaneel toe en meng het geheel. Als je ongezouten boter gebruikt, voeg dan een snufje zout toe om meer smaken naar voren te brengen.
- Meng tot het egaal is en druk het in de bodem van een met bakpapier beklede ovenschaal. Bak de korst 10 minuten of tot de randen goudbruin zijn. Haal het eruit en laat het afkoelen.
- Voor de vulling, doe alle fudge-ingrediënten in een kleine blender of keukenmachine en mix. Je kunt ook een elektrische handmixer en kom gebruiken.
- Zorg ervoor dat je de zijkanten goed schoon schraapt en alle ingrediënten goed gemengd zijn.
- Nadat de korst is afgekoeld, smeer je de fudgelaag voorzichtig helemaal uit tot aan de zijkanten van de bakvorm. Gebruik een spatel om de bovenkant zo goed mogelijk glad te strijken.
- Bestrooi je repen vlak voor het koelen met wat gehakte chocolade. Dit kan in de vorm van suikervrije chocoladechips, suikervrije pure chocolade of gewoon goede oude pure chocolade. Ik gebruikte Lily's Stevia Sweetened chocolate.
- Laat het een nacht in de koelkast staan of vries het in als je het snel wilt eten.
- Wanneer ze zijn afgekoeld, haal je de repen eruit door het bakpapier eruit te trekken. Verdeel 8-10 repen en serveer! Deze peanut butter fudge repen zijn koud te eten! Als je ze meeneemt, zorg er dan voor dat je ze in een geïsoleerde lunchtas doet om ze stevig te houden.

f) Favoriete courgette brownies

h) 1/4 kopje boter, gesmolten
i) 1 kopje pindakaasbrownies
j) 1 ei, losgeklopt
k) 1 tl vanille-extract
l) 1 kopje bloem voor alle doeleinden
m) 1 tl bakpoeder
n) 1/2 tl bakpoeder
o) 1 eetlepel water
p) 1/2 tl zout
q) 2-1/2 T. bakcacao
r) 1/2 kopje gehakte walnoten
s) 3/4 kopje courgette, geraspt
t) 1/2 kopje halfzoete chocoladechips

- Meng in een grote kom alle ingrediënten, behalve de chocoladestukjes, door elkaar.
- Verdeel het beslag over een ingevette bakvorm van 20x20 cm. Bestrooi het beslag met chocoladestukjes.
- Bak op 350 graden gedurende 35 minuten. Laat afkoelen voordat u het in repen snijdt. Voor één dozijn.

g) Moutchocoladebrownies

- 12-oz. verpakking melkchocoladechips
- 1/2 kopje boter, zacht
- 3/4 kopje suiker
- 1 tl vanille-extract
- 3 eieren, losgeklopt
- 1-3/4 kopje bloem voor alle doeleinden
- 1/2 kopje gemoute melkpoeder
- 1/2 tl zout
- 1 kopje gemoute melkballetjes, grof gehakt

1. Smelt chocoladechips en boter in een pannetje op laag vuur, roer regelmatig. Haal van het vuur; laat iets afkoelen.
2. Meng de overige ingrediënten, behalve de moutmelkballetjes, erdoor in de aangegeven volgorde.
3. Verdeel het beslag over een ingevette bakvorm van 13"x9". Bestrooi met moutmelkballetjes; bak 30 tot 35 minuten op 350 graden. Laat afkoelen. Snijd in repen. Voor 2 dozijn.

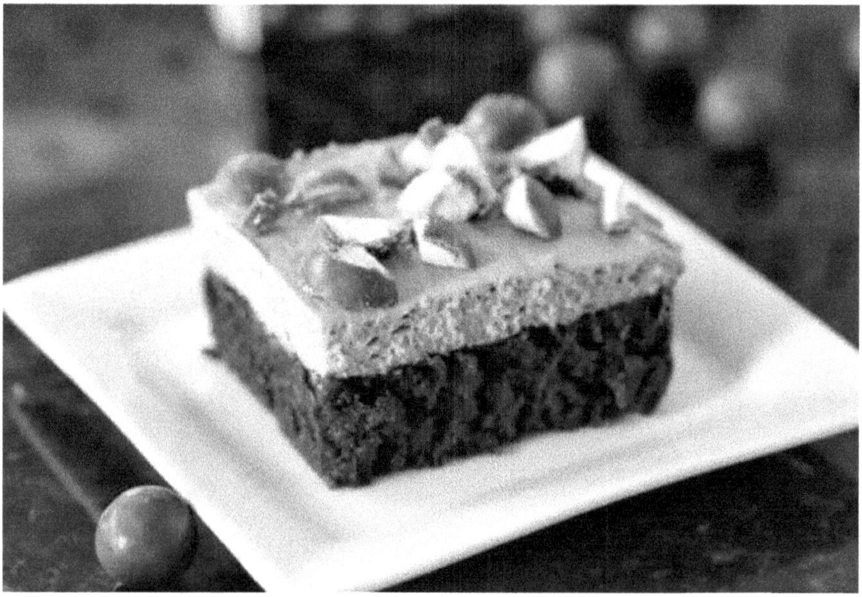

h) Duitse chocolade brownies

- 14-oz. verpakking karamels, onverpakt
- 1/3 kopje ingedampte melk
- 18-1/4 oz. verpakking Duitse chocoladecake mix
- 1 kopje gehakte noten
- 3/4 kopje boter, gesmolten
- 1 tot 2 kopjes halfzoete chocoladechips

1. Smelt karamels met ingedampte melk au bain-marie. Meng in een kom droge cakemix, noten en boter; roer tot het mengsel samenkomt. Druk de helft van het beslag in een ingevette en met bloem bestoven bakvorm van 13"x9".
2. Bak op 350 graden gedurende 6 minuten. Haal uit de oven; bestrooi met chocoladechips en druppel het karamelmengsel. Schep het resterende beslag erover.
3. Bak op 350 graden gedurende 15 tot 18 minuten langer. Laat afkoelen; snijd in repen. Voor 1-1/2 dozijn.

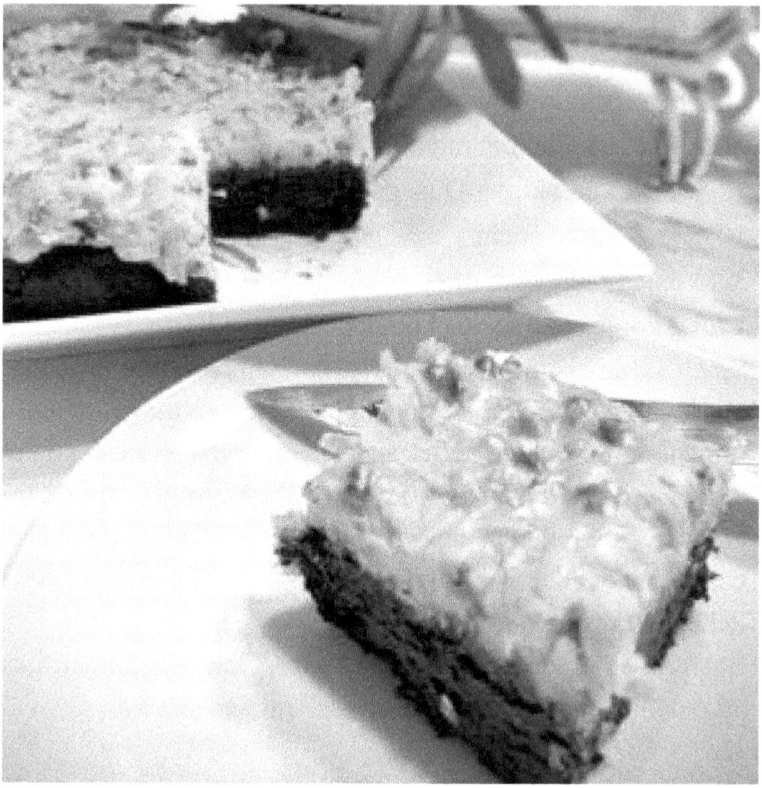

16. Matcha Groene Thee Fudge

Ingrediënten:
- Geroosterde amandelboter, 85 g
- Havermeel, 60 g
- Ongezoete vanille-amandelmelk, 1 kopje
- Proteïnepoeder, 168 g
- Donkere chocolade, 113 gram gesmolten
- Matcha groene theepoeder, 4 theelepels
- Stevia-extract, 1 theelepel
- Citroen, 10 druppels

Methode:
1. Smelt boter in een pannetje en voeg havermeel, theepoeder, proteïnepoeder, citroendruppels en stevia toe. Meng goed.
2. Giet nu de melk erbij en blijf roeren tot alles goed gemengd is.
3. Giet het mengsel in een cakevorm en zet het in de koelkast tot het is opgesteven.
4. Besprenkel de bovenkant met gesmolten chocolade en zet het opnieuw in de koelkast tot de chocolade stevig is.
5. Snijd het in 5 repen en geniet ervan.

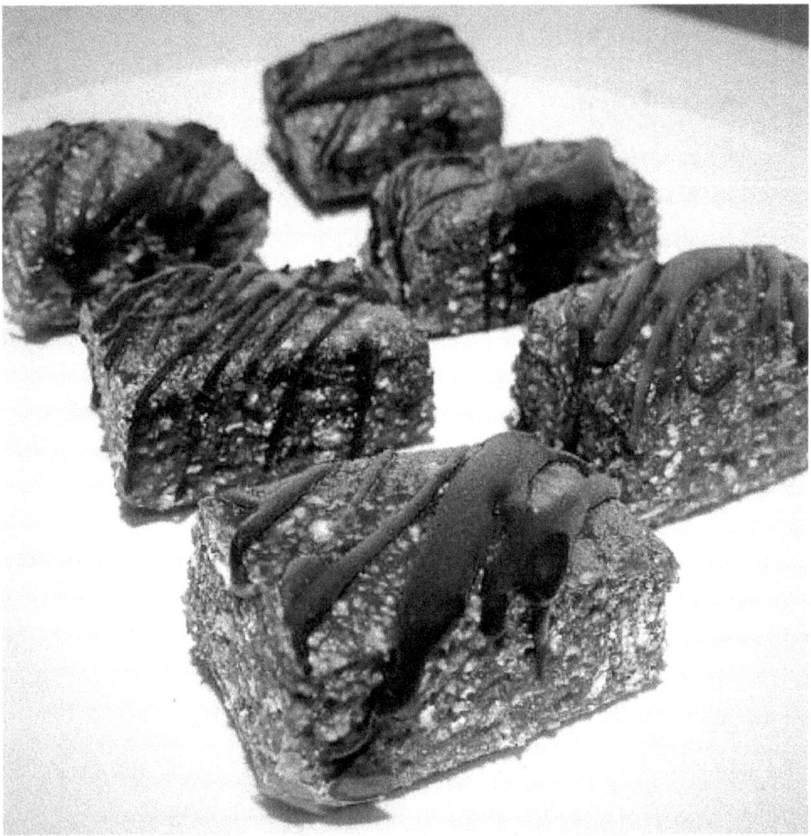

17. Peperkoek Brownies

- 1-1/2 kopje bloem voor alle doeleinden
- 1 kopje suiker
- 1/2 tl bakpoeder
- 1/4 kopje bakcacao
- 1 tl gemalen gember
- 1 tl kaneel
- 1/2 tl gemalen kruidnagel
- 1/4 kopje boter, gesmolten en licht afgekoeld
- 1/3 kopje melasse
- 2 eieren, losgeklopt
- Garnering: poedersuiker

1. Meng in een grote kom bloem, suiker, baking soda, cacao en kruiden. Meng in een aparte kom boter, melasse en eieren. Voeg het botermengsel toe aan het bloemmengsel en roer tot het net gemengd is.
2. Verdeel het beslag in een ingevette 13"x9" bakvorm. Bak op 350 graden gedurende 20 minuten, of tot een tandenstoker schoon is wanneer je hem in het midden steekt.
3. Laat afkoelen in de pan op een rooster. Bestrooi met poedersuiker. Snijd in vierkantjes. Voor 2 dozijn.

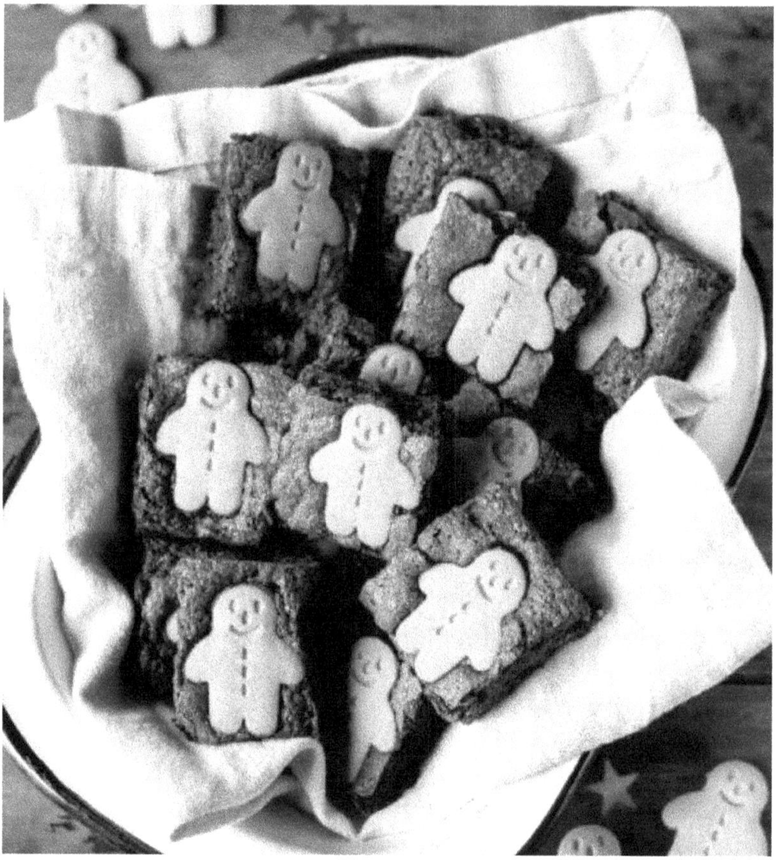

18. Honing Chocolade Brownies

Ingrediënten:

- 1 kopje gesmolten boter of olie
- ½ kopje gesmolten ongezoet chocolade- of kokospoeder
- 4 eieren
- 1 kopje honing
- 2 theelepels vanille
- 2 kopjes ongebleekte witte bloem
- 2 theelepels bakpoeder
- ½ theelepel zeezout
- 1 kopje rozijnen
- 1 kopje gehakte noten

Routebeschrijving:

- Verwarm de oven voor op 175 graden Celsius.
- Klop de boter, chocolade, kool of cococoa en honing tot een glad mengsel. Voeg eieren en vanille toe; meng goed.
- Voeg de droge ingrediënten toe, roer tot ze vochtig zijn. Voeg de rozijnen en noten toe en meng grondig.
- Giet het beslag in een ingevette bakvorm van 23x33 cm. Bak gedurende 45 minuten of tot het gaar is.
- Gesneden in 24 stukken (ongeveer 2 x 2), elke keer met 2 delen (ongeveer 2 x 2), elk met een lengte van 2 tot 48 stuks

s (ongeveer 2 ‖ x 1 ‖) = m e diumdosis.

19. Munt brownies

Ingrediënten:

- 1 kopje boter
- 170 gram ongezoete chocolade
- 2 kopjes suiker
- 1 theelepel bakpoeder
- 1½ theelepel vanille
- ½ theelepel zout
- 1½ kopje bloem
- 1 kopje walnoten of pecannoten, fijn gemalen
- 1 1/2 ounce zak Hersshey's muntchocoladechips
- 4 eieren

Routebeschrijving:

- Verwarm de oven voor.
- Smelt in een middelgrote sauspan de boter en de ongezoete chocolade op laag vuur, onder voortdurend roeren. Haal van het vuur en laat afkoelen.
- Vet een pan van 9x13 inch in en zet opzij. Roer de suiker door het chocolademengsel in de steelpan. Klop de eieren los en voeg ze langzaam toe aan het chocolademengsel. Roer de vanille erdoor.
- Roer in een kom de bloem, baksoda en zout door elkaar.
- Voeg het bloemmengsel toe aan het chocolademengsel tot het gemengd is. Roer de noten en muntchocoladechips erdoor. Verdeel het beslag in de voorbereide pan.
- Bak gedurende 30 minuten. Laat afkoelen op een rooster voordat je het bewaart.

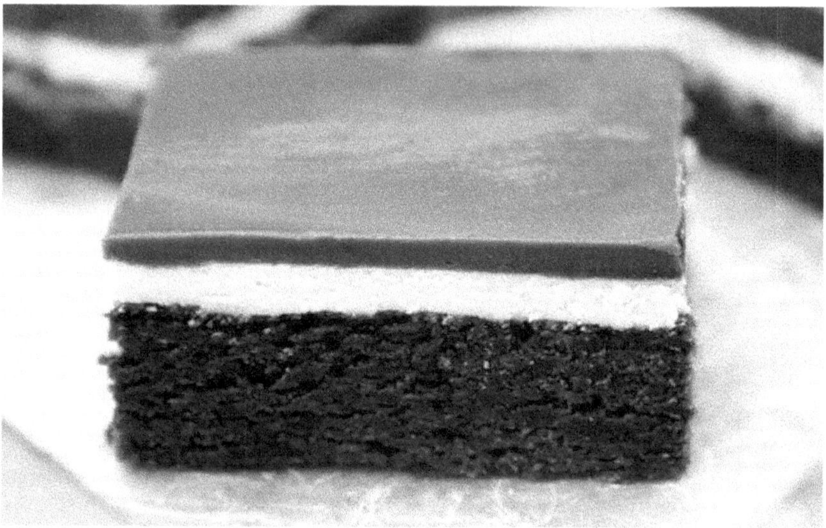

20. Pecan Brownies

Ingrediënten:
a) 1 kopje boter
b) 2/3 kopje chocolade
c) 1 theelepel vanille-extract
d) Sinaasappelschil (optioneel)
e) 5 eiwitten
f) 4 eidooiers
g) 3/4 kopje suiker
h) 1/3 kopje bloem
i) 1 eetlepel poedersuiker
j) 1/2 kopje gemalen pecannoten

Routebeschrijving:
- Verwarm de oven voor op 100 graden Celsius.
- Gebruik een au bain-marie door een kom op een pan met water te zetten en op middelhoog vuur te zetten.
- Voeg de chocolade, boter, vanille-extract en sinaasappelschil toe aan de lege kom en meng tot alles goed gemengd is.
- Haal de kom van het vuur en zet hem opzij. (Vanaf dit punt heb je geen warmte meer nodig.)
- Doe de eiwitten in een aparte kom.
- Klop de eiwitten met een elektrische mixer of garde tot er stijve pieken ontstaan. Zet het mengsel apart.
- Voeg je eidooiers toe aan een andere aparte kom en voeg suiker toe. Meng tot het geheel gemengd is.
- Voeg je chocolademengsel toe aan het ei-eigeelmengsel en meng alles langzaam met een spatel.
- Zodra het is opgenomen, zeef je de bloem en het cacaopoeder erdoor en voeg je de stukjes noot toe.
- Voeg nu je luchtige witte eiwitten toe aan het mengsel en meng alles door elkaar met een spatel. Bekleed een bakblik met bakpapier en doe je afgewerkte mengsel erin.
- Bak de brownies nu 60 minuten en ze zijn klaar.

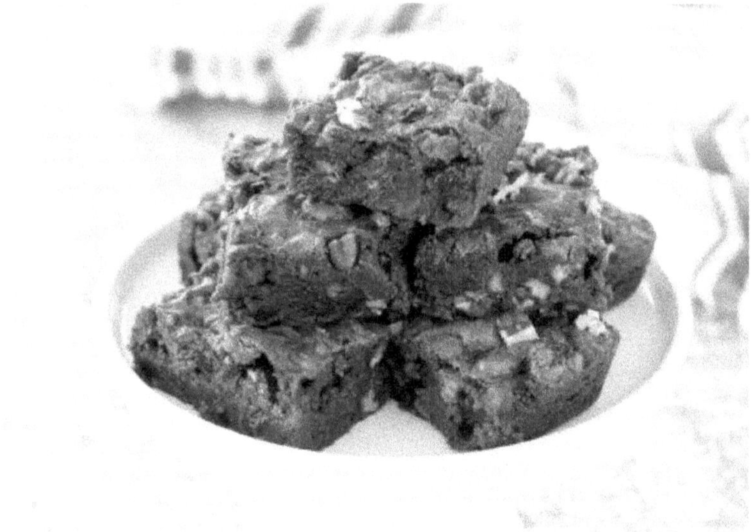

21. Munt brownies met toffeesaus

INGREDIËNTEN
Brownies
a) 1 kopje (230 g) ongezouten boter
b) 2 ons halfzoete chocolade, grof gehakt
c) 1 en 1/2 kopje (300 g) kristalsuiker
d) 1/2 kopje (100 g) lichtbruine suiker
e) 2 grote eieren, op kamertemperatuur
f) 2 theelepels puur vanille-extract
g) 1/2 theelepel zout
h) 1/2 kopje + 3 eetlepels (85 g) bloem voor alle doeleinden (lepel & afgestreken)
i) 1/4 kopje (21 g) natuurlijke ongezoete cacaopoeder

Muntglazuurlaag
- 1/2 kopje (115 g) ongezouten boter, zacht gemaakt op kamertemperatuur
- 2 kopjes (240 g) poedersuiker
- 2 eetlepels (30 ml) melk
- 1 en 1/4 theelepel pepermuntextract*
- optioneel: 1 druppel vloeibare of gelgroene voedingskleurstof

Chocoladelaag
- 1/2 kopje (115 g) ongezouten boter
- 1 afgestreken kopje (ongeveer 200 g) halfzoete chocoladechips

Zoute toffee saus

1. 7 eetlepels boter
2. 9 eetlepels ongezouten boter
3. 1 kopje slagroom
4. 1 kopje donkerbruine suiker, stevig aangedrukt
5. ½ tl zout

Instructies

Voor de brownies:
1. Smelt de boter en gehakte chocolade in een middelgrote pan op middelhoog vuur, onder voortdurend roeren, ongeveer 5 minuten. Of smelt in een middelgrote magnetronbestendige kom in stappen van 20 seconden, onder voortdurend roeren, in de magnetron. Haal van het vuur, giet in een grote mengkom en laat 10 minuten licht afkoelen.
2. Plaats het ovenrek op de onderste derde positie en verwarm de oven voor op 350°F (177°C). Bekleed de bodem en zijkanten van een 9×13 bakvorm* met aluminiumfolie of bakpapier, waarbij u aan alle kanten een overhang laat. Zet opzij.
3. Klop de kristalsuiker en bruine suiker door het afgekoelde chocolade/botermengsel. Voeg de eieren één voor één toe en klop tot het glad is na elke toevoeging. Klop de vanille erdoor. Spatel voorzichtig het zout, de bloem en de cacaopoeder erdoor. Giet het beslag in de voorbereide bakvorm en bak gedurende 35-36 minuten of tot de brownies loskomen van de randen van de vorm.
4. Als het helemaal is afgekoeld, til je de folie uit de pan met behulp van de overhang aan de zijkanten. Leg het geheel op een bakplaat terwijl je de frosting maakt. Snijd nog niet in vierkantjes.

Voor de muntglazuurlaag:
- In een middelgrote kom met een handmixer of staande mixer met een peddelbevestiging, klop de boter op gemiddelde snelheid tot het glad en romig is, ongeveer 2 minuten. Voeg de poedersuiker en melk toe. Klop 2 minuten op lage snelheid, verhoog dan naar hoge snelheid en klop nog 1 minuut. Voeg het pepermuntextract en de voedingskleurstof (indien gebruikt) toe en klop 1 volledige minuut op hoge snelheid. Proef en voeg indien gewenst nog een druppel of twee pepermuntextract toe.
- Frost gekoelde brownies die je op de bakplaat hebt gelegd, en zet de bakplaat in de koelkast. Hierdoor kan het glazuur op de

brownies "stijven" waardoor het makkelijk is om de chocoladelaag te smeren. Bewaar ze in de koelkast voor minimaal 1 uur en maximaal 4 uur.

Voor de chocoladelaag:

a) Smelt de boter en chocoladechips in een middelgrote pan op middelhoog vuur, onder voortdurend roeren, ongeveer 5 minuten. Of smelt in een middelgrote magnetronbestendige kom in stappen van 20 seconden, onder voortdurend roeren, in de magnetron. Giet het gesmolten en glad over de muntlaag.

b) Smeer voorzichtig uit met een mes of offset spatel. Plaats de brownies die nog op de bakplaat liggen, in de koelkast en laat ze 1 uur (en tot 4 uur of zelfs een nacht) afkoelen om de chocolade te laten stollen.

c) Haal het uit de koelkast als het is afgekoeld en snijd het in vierkantjes. Voor een nette snede, maak je heel snelle sneden met een heel scherp groot mes en veeg je het mes tussen elke snede af met een papieren handdoek. Brownies zijn een paar uur houdbaar op kamertemperatuur. Dek de brownies goed af en bewaar restjes tot 5 dagen in de koelkast.

Voor de toffeesaus:

- Meng in een middelgrote pan op middelhoog vuur boter, ongezouten boter, slagroom, donkerbruine suiker en zout. Breng aan de kook en roer regelmatig.
- Laat nog 10 minuten sudderen tot de saus begint te slinken en dikker wordt. Haal van het vuur. Laat de saus iets afkoelen voordat u hem serveert.

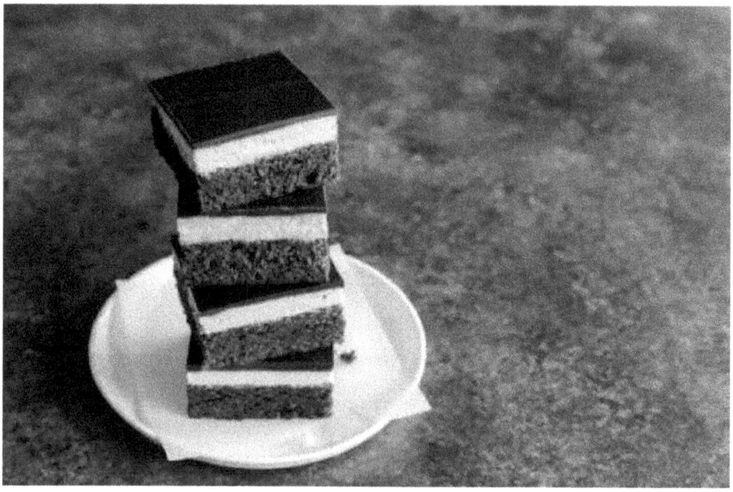

22. Chocolade- en nootmuskaatbrownies

Ingrediënten:

1. 1/4 pond boter
2. 1/4 pond donkere chocolade
3. 1 kopje witte suiker
4. 4 gewone eieren
5. 1/2 kopje bloem
6. Nootmuskaat
7. Kaneel
8. 2 eetlepels vanille

Routebeschrijving

- Verwarm de oven voor op 175 graden Celsius.
- Smelt de boter op laag vuur, voeg de chocolade toe (in blokjes is het makkelijkst) en smelt deze samen met de reeds gesmolten boter. Roer regelmatig, zodat er chocoladeboter ontstaat!
- Zodra de chocolade volledig gesmolten is, voeg je de kaneel, nootmuskaat en witte suiker toe. Roer en laat het een paar minuten sudderen.
- Voeg de eieren toe, één voor één, en klop ze tot de dooier uit elkaar valt. Blijf het mengsel op laag vuur roeren tot het helemaal glad is.
- Voeg de bloem en fijngemalen cannabis toe aan het mengsel. Als je van noten houdt, kun je een kwart kopje van je favoriete noot toevoegen als je dat wilt. Roer het goed door; als het moeilijk is om te roeren, voeg dan een klein scheutje melk toe.
- Giet je mengsel in een ingevette pan van 23x33 cm. Als je die niet hebt, is een kleinere pan ook prima. Het betekent alleen dat de brownie dikker wordt en mogelijk iets langer in de oven moet staan.
- Bak het mengsel 20-25 minuten, soms is iets langer nodig .
- Als het eruit ziet en voelt als een gigantische brownie, snijd het dan in ongeveer 20 sw d u r. Het maakt natuurlijk niet uit hoeveel vierkanten.

- Dosering: Wacht een uur en kijk hoe je je voelt. Eet dan meer indien nodig! Deze brownies smaken heerlijk en het is moeilijk om ze niet op te eten, maar je wilt er niet te veel van eten en dan wit!

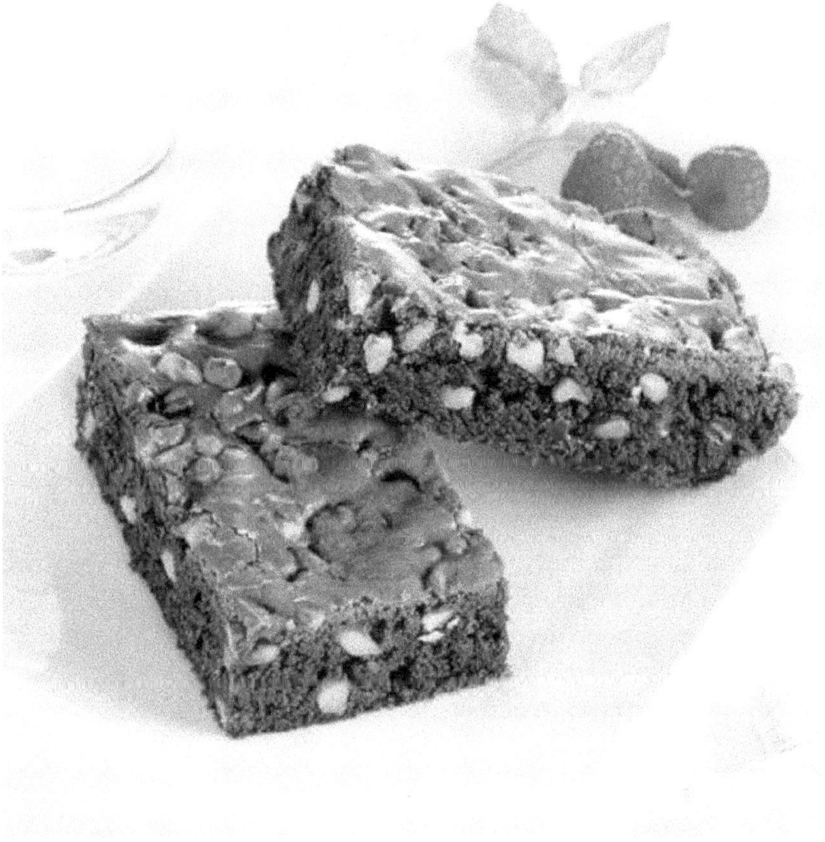

23. Pindakaas Swirl Brownie
Ingrediënten:

- 2 eetlepels boter, vaak verzacht
- 2 eetlepels suiker
- 1 1/2 eetlepel bruine suiker
- 1 eetlepel poeder
- 1 eidooier
- 3 eetlepels bloem
- Een snufje zout
- Een scheutje vanille
- 1 eetlepel romige pindakaas

Routebeschrijving:

1. Meng de cannaboter, suiker, bruine suiker, vanille en eidooier tot een glad mengsel.
2. Roer het zout en de bloem erdoor tot alles goed gemengd is. Roer de chocoladechips er als laatste doorheen.
3. Giet het mengsel in een bakje of mok en bestrijk de bovenkant met pindakaas.
4. Roer het mengsel lichtjes met een botermesje.
5. 5,75 seconden in de magnetron tot ze net gaar zijn.

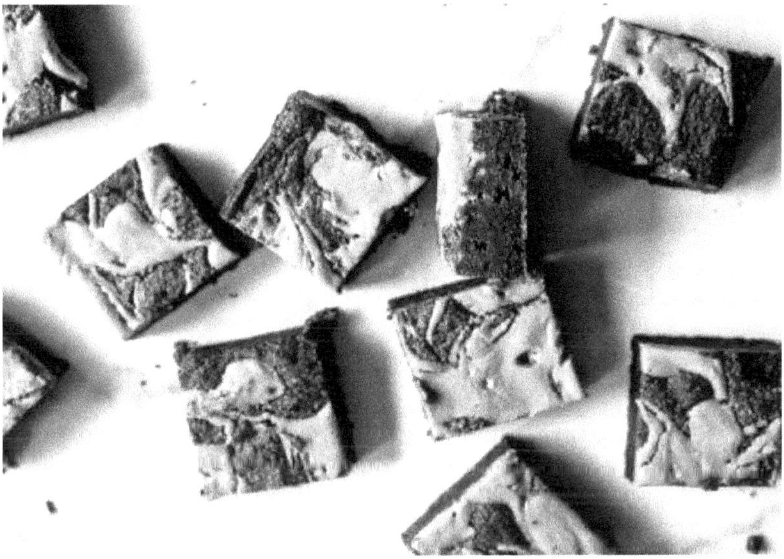

24. Pompoen Brownies

Ingrediënten:
1. 2/3 kopje bruine suiker
2. 1/2 kopje pompoen uit blik
3. 1 heel ei
4. 2 eiwitten
5. 1/4 kopje cannaboter
6. 1 kopje bloem voor alle doeleinden
7. 1 theelepel bakpoeder
8. 1 theelepel ongezoete cacaopoeder
9. 1/2 theelepel gemalen kaneel
10. 1/2 theelepel gemalen piment
11. 1/4 theelepel zout
12. 1/4 theelepel gemalen nootmuskaat
13. 1/3 kopje miniatuur halfzoete chocoladestukjes

Routebeschrijving:

- Verwarm de oven voor op 175 graden Celsius.
- Doe de bruine suiker, pompoen, het hele ei, de eiwitten en de olie in een grote mengkom.
- Klop het geheel met een elektrische mixer op de middelste stand tot het geheel gemengd is.
- Voeg bloem, bakpoeder, cacaopoeder, kaneel, piment, zout en nootmuskaat toe
- Klop op lage snelheid tot het glad is. Roer er de halfzoete chocoladestukjes door.
- Spuit een bakblik van 28x18 cm in met antiaanbaklaag.
- Giet het beslag in de pan. Verdeel het gelijkmatig.
- Bak gedurende 15 tot 20 minuten, of totdat een prikker die je in de buurt van de binnenkant van het brood steekt er schoon uitkomt.

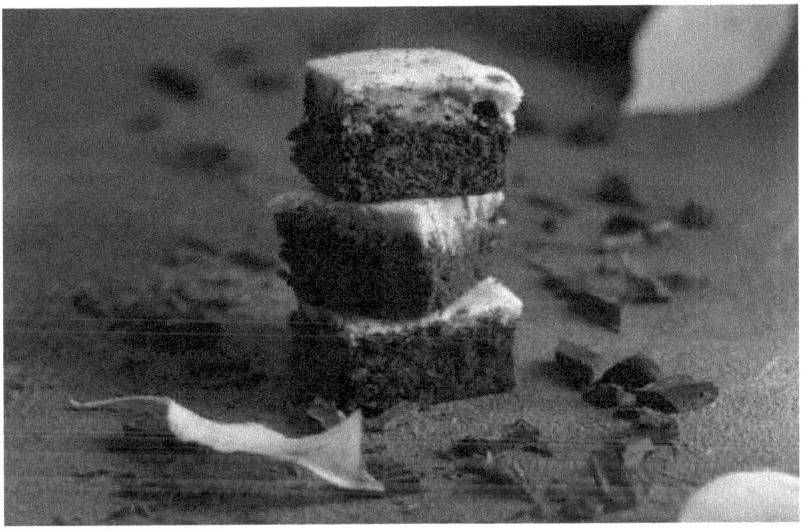

SCHORS, PRETZELS & NOUGATINES

25. Pepermunt Boeddha schors

Ingrediënten:

1. 12 ons witte chocolade
2. 6 ounces halfzoete chocolade
3. 4 eetlepels kokosolie
4. ½ theelepel pepermuntextract
5. 3 snoepcanes (verkruimeld)

Routebeschrijving

- Bekleed een bakvorm van 23 x 23 cm met wat bakpapier of aluminiumfolie. Zorg ervoor dat u de zijkanten van de pan goed bedekt met aluminiumfolie. Strijk eventuele kreukels glad. Deze stap zorgt ervoor dat de pepermunt snel wordt schoongemaakt en zorgt er ook voor dat de pepermuntschors gemakkelijk van de pepermunt kan worden verwijderd wanneer deze in afzonderlijke stukken moet worden gebroken.
- Smelt de halfzoete chocoladechips en de witte chocoladechips samen. Maak hiervoor een dubbele boiler met een hittebestendige kom en een sauspan gevuld met water. Kies een kom die goed op de bovenkant van de pan past (gebruik geen kom die onveilig op de pan staat). Zorg er ook voor dat de bodem van de kom het water niet raakt, anders loopt u het risico dat de chocolade verbrandt.
- Overigens gebruikt dit recept 3 lagen chocolade voor de schors (wit, halfzoet, wit). Voel je vrij om de hoeveelheden chocolade te veranderen en de laag om te draaien (halfzoet, wit, halfzoet) als je dat wilt!
- Breng het water in de sauspan aan de kook en plaats de hittebestendige kom met de witte chocoladechips op de sauspan.
- Smelt de witte chocoladechips tot ze glad zijn
- Voeg 4 eetlepels met cannabis verrijkte kokosolie en een halve theelepel pepermuntextract toe.
- Roer tot beide oliën volledig zijn opgelost in de witte chocolade. Naast het feit dat het het gerecht geneest, zal de kokosolie ook een mooie glans in de bast creëren en ervoor

zorgen dat het een goede —knapperigheid‖ krijgt bij het breken van de p en nog eens .
- Zodra de gesmolten witte chocolade weer glad is, giet je de helft ervan in de voorbereide pan. Kantel de pan nadat je de helft van de gesmolten witte chocolade erin hebt gegoten om een gelijkmatige coating/eerste laag te verzekeren.
- Zet de pan in de koelkast en laat de eerste laag chocolade volledig hard worden, ongeveer 30 minuten.
- Terwijl de eerste laag bast hard wordt, herhaalt u de bovenstaande stappen om een tweede keer au bain-marie te koken voor uw halfzoete chocoladechips.
- Zodra de chocoladestukjes helemaal gesmolten zijn, haal je de kom uit de au bain-marie.
- Haal de pan met de eerste laag witte chocolade uit de koelkast en giet de hele kom met gesmolten halfzoete chocoladechips over de eerste laag. Het is uiterst belangrijk dat de eerste laag witte chocolade volledig is uitgehard, omdat het aanbrengen van de tweede laag ervoor zorgt dat ze zich vermengen als dit niet het geval is.
- Verdeel de tweede laag halfzoete chocoladechips gelijkmatig over de pan met behulp van een spatel of bakkersmes.
- Zet de pan terug in de koelkast terwijl je wacht tot de tweede laag chocolade is uitgehard, wat ongeveer 30 minuten duurt.
- Wanneer de tweede laag chocolade is uitgehard, voeg je de derde en laatste laag witte chocolade toe bovenop de semi-zoete laag. Verdeel deze derde laag gelijkmatig met een spatel.
- Doe de snoepjes in een hersluitbaar zakje en verpulver ze tot kleine stukjes met behulp van de achterkant van een pollepel of een deegroller.
- Strooi de verkruimelde chocoladereepjes over de derde en laatste laag witte chocolade, zodat het hele oppervlak bedekt is. Zet de pan vervolgens terug in de koelkast tot de bast helemaal is uitgehard (30 minuten tot 1 uur).
- Wanneer u klaar bent om te eten, haalt u de bast uit de koelkast en trekt u deze aan de zijkanten van de aluminiumfolie omhoog. De bast zou nu gemakkelijk uit de pan moeten komen!

- Breek de bast in afzonderlijke stukjes en verpak ze om cadeau te geven, of serveer ze direct aan uw gasten!

26. Chocolade schors met gekonfijte pecannoten

Ingrediënten:
a) 2 eetlepels boter
b) 1 kopje pecannotenhelften
c) 2 eetlepels licht- of donkerbruine suiker, stevig aangedrukt
d) 2 kopjes pure chocolade chips
e) 2 eetlepels gekristalliseerde gember

Routebeschrijving
a) Verhit boter in een kleine pan op laag vuur gedurende 2 tot 3 minuten of tot het volledig gesmolten is. Voeg pecannotenhelften toe en roer gedurende 3 tot 5 minuten tot ze geurig en nootachtig zijn. Meng lichtbruine suiker erdoor, onder voortdurend roeren, gedurende ongeveer 1 minuut of tot de pecannoten gelijkmatig bedekt zijn en beginnen te karamelliseren. Haal van het vuur.
b) Verdeel gekarameliseerde pecannoten over bakpapier en laat afkoelen. Hak de pecannoten grof en zet ze apart.
c) Verwarm de pure chocoladestukjes au bain-marie op middelhoog vuur en roer ze 5 tot 7 minuten, of tot ze volledig gesmolten zijn.
d) Verdeel de gesmolten chocolade over een met bakpapier beklede bakplaat.
e) Strooi gekarameliseerde pecannoten en gekristalliseerde gember gelijkmatig erover. Zet 1 tot 2 uur apart of tot de chocolade is gestold. Snijd of breek de bast in 6 gelijke stukken.
f) Bewaren: Bewaar het afgedekt in een luchtdichte verpakking in de koelkast gedurende maximaal 6 weken of in de vriezer gedurende maximaal 6 maanden.

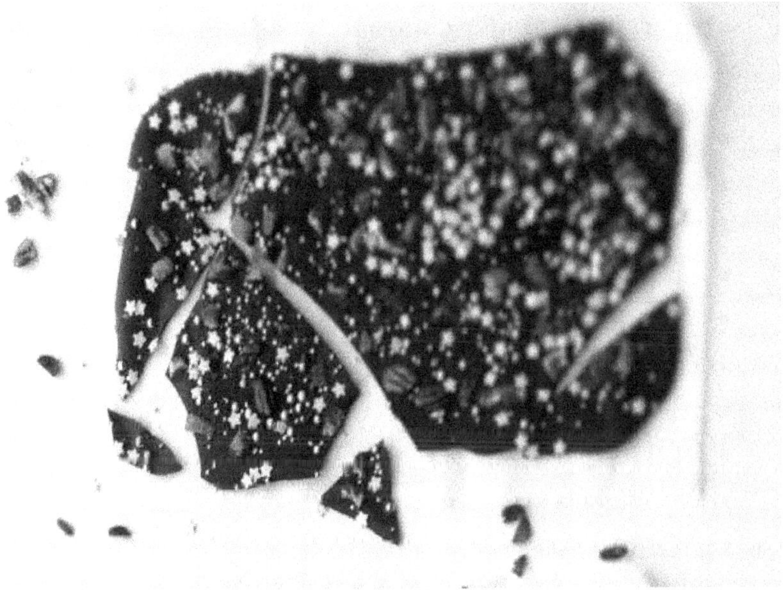

a) Pecannotenboter chiazaad blondies

INGREDIËNTEN

- 2 1/4 kopjes pecannoten, geroosterd
- 1/2 kopje Chiazaad
- 1/4 kopje boter, gesmolten
- 1/4 kopje Erythritol, gcpoederd
- 3 eetlepels SF Torani gezouten karamel
- druppels vloeibare stevia
- 3 grote eieren
- 1 tl bakpoeder
- 3 eetlepels slagroom
- 1 snufje zout

ROUTEBESCHRIJVING

a) Verwarm de oven voor op 350F. Meet 2 1/4 kopje pecannoten af en bak ze ongeveer 10 minuten. Zodra je een nootachtige geur ruikt, haal je de noten eruit
b) Maal 1/2 kopje hele chiazaden in een kruidenmolen tot er een meel ontstaat.
c) Haal het chiameel eruit en doe het in een kom. Maal vervolgens 1/4 kopje Erythritol in een kruidenmolen tot poeder. Doe het in dezelfde kom als het chiameel.
d) Doe 2/3 van de geroosterde pecannoten in een keukenmachine.
e) Verwerk de noten en schraap indien nodig de zijkanten naar beneden, totdat er een gladde notenpasta ontstaat.
f) Voeg 3 grote eieren, 10 druppels vloeibare stevia, 3 eetlepels SF Salted Caramel Torani Syrup en een snufje zout toe aan het chiamengsel. Meng dit goed door elkaar.
g) Voeg pecannotenboter toe aan het beslag en meng opnieuw.
h) Gebruik een deegroller om de rest van de geroosterde pecannoten in stukken te breken in een plastic zak.

i) Voeg gemalen pecannoten en 1/4 kopje gesmolten boter toe aan het beslag.
j) Meng het beslag goed en voeg dan 3 eetlepels slagroom en 1 theelepel bakpoeder toe. Meng alles goed door elkaar.
k) Giet het beslag in een bakvorm van 23×23 cm en strijk het glad.
l) Bak gedurende 20 minuten of tot de gewenste dikte is bereikt.
m) Laat ongeveer 10 minuten afkoelen. Snijd de randen van de brownie af om een uniform vierkant te maken. Dit is wat ik "de bakkerstraktatie" noem - ja, je raadt het al!
n) Snack van die bad boys terwijl je ze klaarmaakt om aan iedereen te serveren. Het zogenaamde "beste deel" van de brownie zijn de randen, en daarom verdien je het om alles te hebben.
o) Serveer en eet zoveel je wilt (of liever gezegd macro's)!

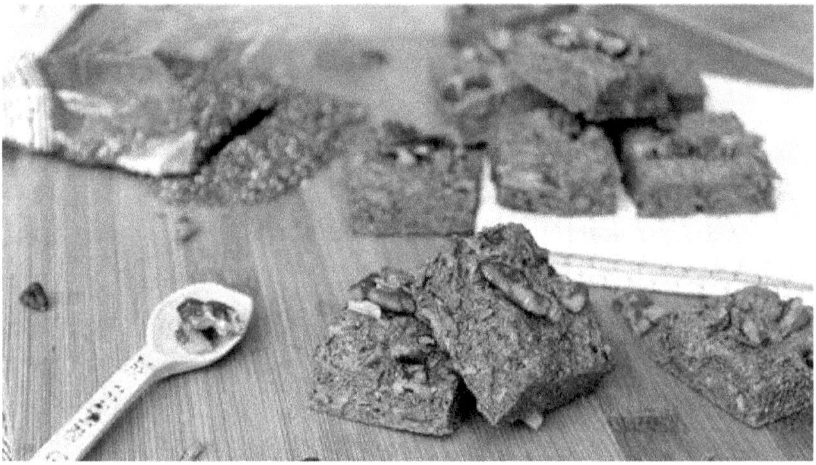

28. Gedroogde mango gedoopt in chocolade

Ingrediënten:
a) 1 kopje pure chocolade chips
b) 2 eetlepels kokosolie
c) 12 grote stukken ongezoete gedroogde mango
d) 6 eetlepels geraspte kokosnoot (optioneel)

Routebeschrijving
- Bekleed een bakplaat met bakpapier en zet opzij. Doe de pure chocoladechips en kokosolie in een au bain-marie op middelhoog vuur.
- Roer 5 tot 7 minuten of tot de chocolade volledig is gesmolten en goed gemengd met kokosolie. Haal van het vuur.
- Doop elk mangostukje met een vork of je handen in gesmolten chocolade en laat het overtollige terug in de kom druppelen. Leg de gedoopte mangostukjes op de voorbereide bakplaat.
- Strooi geraspte kokosnoot (indien gebruikt) over de gedoopte mangostukjes. Zet 30 minuten in de koelkast of tot de chocolade is gestold.
- Bewaren: Bewaar het afgedekt in een luchtdichte verpakking in de koelkast gedurende maximaal 6 weken of in de vriezer gedurende maximaal 6 maanden.

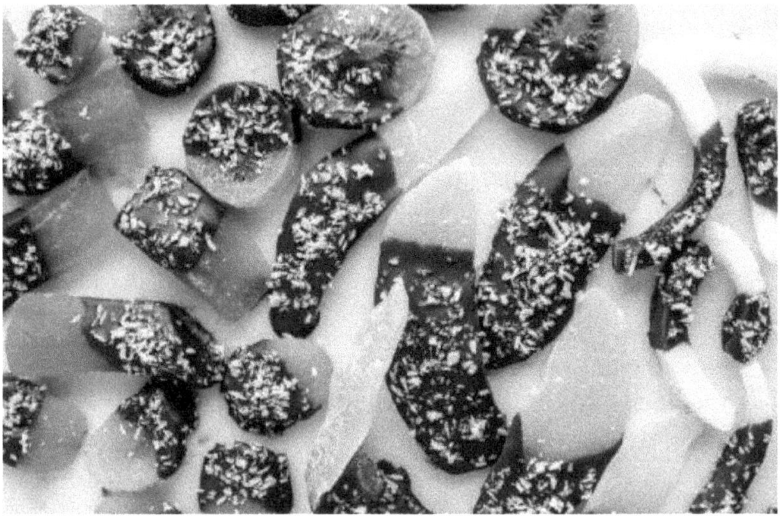

29. Pretzelstaafjes met witte chocolade

Ingrediënten:
- ¼ kopje toffeestukjes
- 1 kopje witte chocoladesmelts
- 2 eetlepels boter
- 6 pretzelstaven

Routebeschrijving

- Bekleed een bakplaat met bakpapier en zet opzij. Giet de toffeestukjes op een ondiep bord bij de bakplaat.
- Doe de gesmolten witte chocolade en de boter au bain-marie op middelhoog vuur en roer af en toe. Doe dit 5 tot 7 minuten, tot de witte chocolade volledig is gesmolten.
- Doop ¾ van elke pretzelstaaf in gesmolten witte chocolade en laat overtollige chocolade terug in de pan druppelen.
- Rol elke pretzelstaaf in toffeestukjes en leg ze op de voorbereide bakplaat. Laat ze minstens 30 minuten opstijven.

- Bewaren: Bewaar in een luchtdichte verpakking in de koelkast gedurende maximaal 1 maand.

30. Chocolade-gedoopte nougatine

Ingrediënten:
a) ¾ kopje kristalsuiker
b) ⅓ kopje lichte maïstroop
c) ¼ kopje gehakte pistachenoten
d) ¾ kopje gesneden amandelen
e) 2 eetlepels boter
f) 1 kopje pure chocolade chips

Routebeschrijving

a) Bekleed een bakplaat met bakpapier en zet opzij. Roer in een middelgrote pan op middelhoog vuur de suiker en lichte glucosestroop gedurende 5 tot 7 minuten tot het mengsel is gesmolten en begint te karamelliseren.
b) Voeg de pistachenoten, amandelen en boter toe en roer 2 tot 3 minuten tot de amandelen licht geroosterd zijn. (Laat het mengsel niet koken.)
c) Doe het nougatinemengsel op de voorbereide bakplaat en bedek met een extra vel bakpapier. Verdeel het gelijkmatig met een deegroller tot het ongeveer ½ inch (1,25 cm) dik is. Snijd in 12 stukken.
d) Verwarm de pure chocoladestukjes au bain-marie op middelhoog vuur gedurende 5 tot 7 minuten of tot ze gesmolten zijn.
e) Doop de nougatinestukjes in gesmolten chocolade, bedek ze met slechts de helft van de nougatine en leg ze terug op de met bakpapier beklede bakplaat. Laat de chocolade minstens 1 uur hard worden.
f) Bewaren: Maximaal 1 week houdbaar in een luchtdichte verpakking.

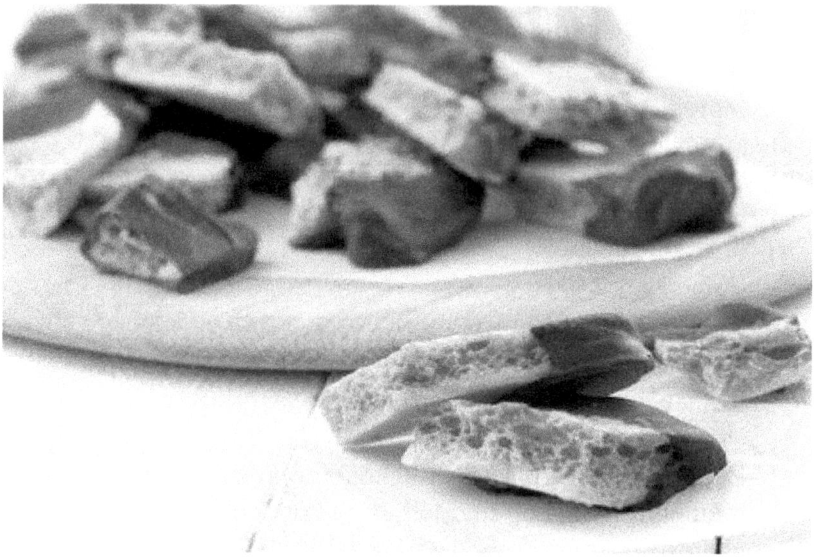

DESSERT TRUFFELS & BALLEN

31. Pindakaasballetjes

Benodigdheden:

- Mengkom
- Dubbele boiler
- dienblad
- Wax-papier
- Tandenprikken

Ingrediënten:

- 1 1/2 kopje pindakaas
- 1 kopje blikboter (gehard)
- 4 kopjes suiker
- 1 1/3 kopje Graham crackercrumbs
- 2 kopjes zoete chocoladechips
- 1 eetlepel bakvet

Routebeschrijving:

a) Doe de pindakaas en de cannaboter in een grote mengkom. Meng langzaam de suiker van de banketbakker erdoor en zorg ervoor dat het niet rommelig wordt. Voeg Graham-crackerkruimels toe en meng tot het mengsel stevig genoeg is om er ballen van te vormen.
b) Maak balletjes met een diameter van 2,5 cm.
c) Smelt de chocoladechips en het bakvet in een dubbele bodempan. Prik een tandenstoker in elke bal en doop ze vervolgens één voor één in het chocolademengsel.
d) Leg de in chocolade gewikkelde ballen op waspapier op een dienblad. Zet ze ongeveer 30 minuten in de vriezer tot de ballen allemaal stevig zijn.

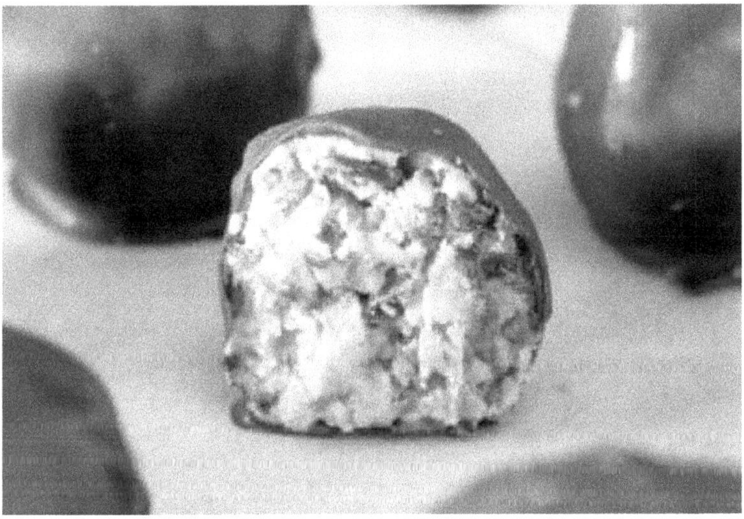

32. Ancho chile truffels

Ingrediënten:
a) ⅔ kopje slagroom
b) 5 eetlepels boter
c) 3 tl ancho chilipoeder
d) 2 tl. gemalen kaneel
e) Snufje zout
f) ½ pond (225 g) pure chocolade, gehakt
g) 1 tl cacaopoeder

Routebeschrijving
1. Bekleed een bakvorm van 23 x 33 cm (9 x 13 inch) met bakpapier en zet opzij. Meng in een middelgrote pan op middelhoog vuur slagroom, 3 eetlepels boter, 2 theelepels ancho-chilipoeder, kaneel en zout. Breng het mengsel aan de kook, dek af en haal van het vuur. Laat 2 uur staan.
2. Zet de pan terug op middelhoog vuur. Zodra het kookt, haal je het van het vuur en voeg je pure chocolade en de resterende 2 eetlepels boter toe. Roer 2 tot 3 minuten of tot de chocolade is gesmolten en het mengsel glad is. Giet het in de voorbereide bakvorm en laat het 4 uur afkoelen in de koelkast.
3. Vorm met een lepel en je handen het mengsel tot 16 ballen van 2,5 cm. Leg de ballen op een schone bakplaat bekleed met bakpapier en laat ze 30 minuten in de koelkast afkoelen.
4. Meng in een kleine kom de resterende 1 theelepel ancho chile poeder en cacaopoeder. Rol de balletjes in het poeder en leg ze terug op het bakpapier.
5. Bewaren: Eet het dezelfde dag nog op kamertemperatuur of bewaar het in een luchtdichte verpakking in de koelkast gedurende maximaal 1 week.

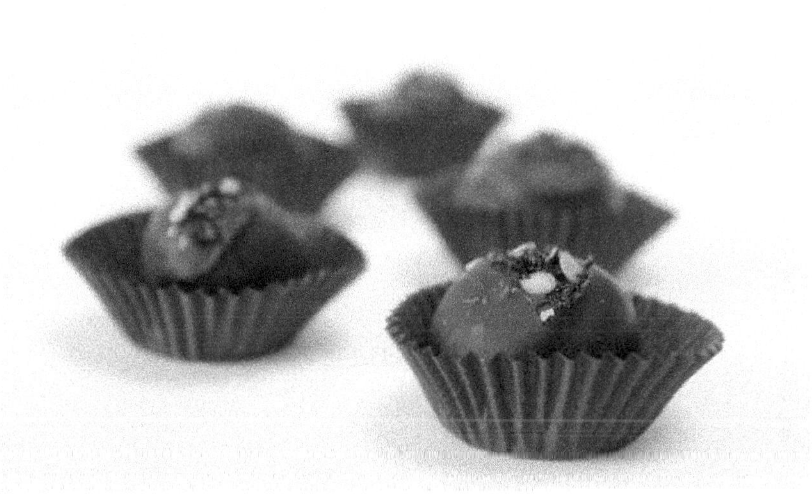

33. Chocolade Truffels

Bereidingstijd: 15-20 minuten
Kooktijd: 0 minuten
Porties: 10-12

Ingrediënten:

- ½ kopje boter, zacht gemaakt
- ½ kopje poedersuiker
- ¼ kopje ongezoete cacaopoeder
- ½ kopje amandelmeel
- Grote snuf zout
- Scheutje amandelextract
- Scheutje vanille-extract
- 24 hele amandelen, geroosterd in boter en zout
- 1 kopje ongezoete geraspte kokosnoot

Routebeschrijving:

- Bekleed een bakplaat met bakpapier. Doe alle voorbereide ingrediënten behalve de hele amandelen en de kokosnoot in een kom en meng voorzichtig tot het mengsel redelijk glad is.
- Rol theelepels van het mengsel tussen je handpalmen tot balletjes. (Werk snel, want de boter wordt heel snel zacht. Zet het een paar minuten in de koelkast als het mengsel te zacht wordt.)
- Als u geroosterde amandelen gebruikt, stop er dan eentje in het midden van elk amandel en rol het nogmaals snel op, zodat het geheel gladder wordt.
- Doe de kokosnoot in een kom en rol de balletjes in de kokosnoot tot ze bedekt zijn. Leg ze op de bakplaat en zet ze in de koelkast om op te stijven. Bewaar de munchies in een

glazen bakje in de koelkast.

34. Chocolade-overgoten kersen

Bereidingstijd: 1 ½ uur.
Kooktijd: 5 minuten
Porties: 12

Ingrediënten:

- 24 kersen met steeltje (verwijder de pitten of gebruik gedroogde)
- 1 kopje melkchocoladechips
- 1 kopje pure chocolade chips
- ¼ kopje kokosolie

Routebeschrijving:

a) Verwarm de pure chocoladestukjes, melkchocoladestukjes en kokosolie in een magnetronbestendige kom.
b) Verwarm het mengsel gedurende 20 seconden en blijf roeren tot het mengsel helemaal gesmolten is.
c) Zorg ervoor dat de chocolade niet te heet is. Bedek de kersen met chocolade en laat de overtollige chocolade eruit druppelen. Leg de kersen op een met was bekleed papier.
d) Zodra alle kersen klaar zijn, zet je ze 1 uur in de koelkast

e) Bedek de kersen eventueel nog een keer (zet ze daarna weer in de koelkast). Smakelijk!

35. Napolitaanse fudge

INGREDIËNTEN

a) ½ kopje boter, zacht gemaakt
b) 1/2 kopje kokosolie
c) 1/2 kopje zure room
d) 1/2 kopje roomkaas
e) 2 eetlepels Erythritol
f) 25 druppels vloeibare stevia
g) 2 eetlepels cacaopoeder
h) 1 tl. Vanille-extract
i) 2 middelgrote aardbeien

ROUTEBESCHRIJVING

9. Meng in een kom de boter, kokosolie, zure room, roomkaas, erythritol en vloeibare stevia.
10. Meng de ingrediënten met een staafmixer tot een glad mengsel.
11. Verdeel het mengsel in 3 verschillende kommen. Voeg cacaopoeder toe aan de ene kom, aardbeien aan de andere kom en vanille aan de laatste kom.
12. Meng alle ingrediënten opnieuw met een staafmixer. Verdeel het chocolademengsel in een bakje met een tuit.
13. Giet het chocolademengsel in de fatbomvorm. Zet 30 minuten in de vriezer en herhaal dit met het vanillemengsel.
14. Vries het vanillemengsel 30 minuten in en herhaal het proces met het aardbeienmengsel. Vries het opnieuw in, minstens 1 uur.
15. Zodra ze helemaal bevroren zijn, haal je ze uit de vetbommenvormpjes.

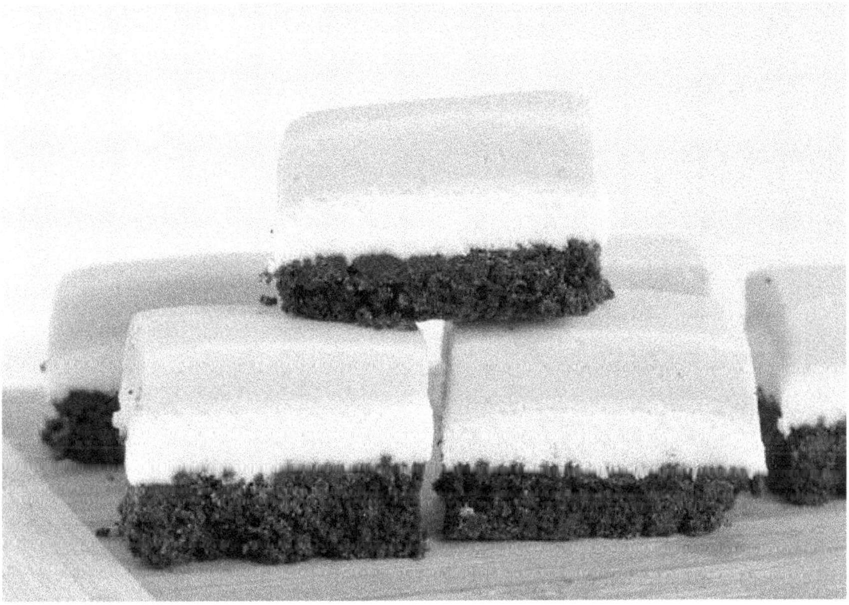

36. Broccoli-kaasballetjes

INGREDIËNTEN

De beignets
- 250 g gesmolten boter
- 3/4 kopje amandelmeel
- 1/4 kopje + 3 eetlepels Lijnzaadmeel
- oz. Verse broccoli
- oz. Mozzarellakaas
- 2 grote eieren
- 2 theelepels bakpoeder
- Zout en peper naar smaak
ROUTEBESCHRIJVING
- Voeg broccoli toe aan een keukenmachine en pulseer tot de broccoli in kleine stukjes is gebroken. Je wilt dat het goed wordt verwerkt.
- Meng de kaas, amandelmeel, boter, lijnzaadmeel en bakpoeder met de broccoli. Als je extra kruiden (zout en peper) wilt toevoegen, doe dat dan op dit punt.
- Voeg de 2 eieren toe en meng goed totdat alles goed gemengd is.
- Rol het beslag tot balletjes en bedek ze vervolgens met lijnzaadmeel.
- Herhaal dit met het hele beslag en zet het opzij op keukenpapier.
- Verwarm je frituurpan tot 375F. Ik gebruik deze frituurpan. Als de frituurpan klaar is, leg je broccoli en kaasbeignets in de mand, maar zorg dat deze niet te vol zit.
- Bak de beignets tot ze goudbruin zijn, ongeveer 3-5 minuten. Leg ze na het bakken op keukenpapier om overtollig vet te laten weglopen en breng ze op smaak naar eigen smaak.

- Maak gerust een pittige dille-citroenmayonaise voor een dip. Geniet ervan

37. In chocolade gedoopte kersen

Ingrediënten:
- 1 kopje donkere chocoladechips
- 1 kopje melkchocoladechips
- ¼ kopje kokosolie
- 24 kersen met steeltje (gewassen en gedroogd; als u verse kersen gebruikt, vergeet dan niet de pit te verwijderen!)

Routebeschrijving:
- Verwarm melkchocoladechips, pure chocoladechips en kokosolie in een magnetronbestendige kom. Haal het eruit en roer het elke 20 seconden tot het gesmolten is. De chocolade moet warm zijn, maar niet heet.
- Doop de gedroogde kersen één voor één aan de steeltjes in de chocolade en laat de overtollige chocolade terug in de kom druipen.
- Leg de kersen op een met waspapier beklede plaat om te drogen. Herhaal dit totdat alle kersen op hun plaats zitten. Bewaar extra chocolade aan de zijkant.
- Laat de kersen 1 uur in de koelkast afkoelen.
- Verwarm de chocoladesaus opnieuw en haal de kersen uit de koelkast.
- Doop elke kers een tweede keer in de chocoladesaus. Zet de kersen 1 uur terug in de koelkast om te koelen voordat u ze serveert.

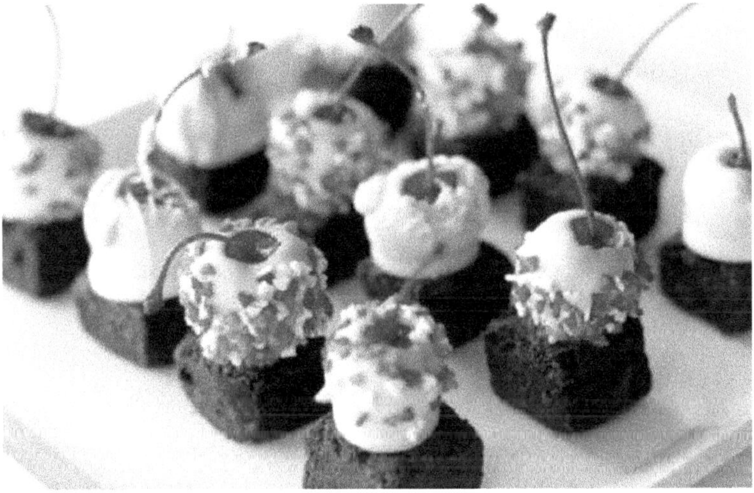

38. Muntpasteitjes

Ingrediënten:

- ½ kopje lichte glucosestroop
- 2 theelepels pepermuntextract
- ½ kopje zachte boter
- 2 druppels voedingskleurstof (optioneel)
- 9 kopjes gezeefde poedersuiker (ongeveer 2 pond)

Routebeschrijving:

a) Gebruik een mengkom om de glucosestroop, pepermuntextract en licht gesmolten gebakken boter of margarine te mengen. Voeg vervolgens de suiker toe, beetje bij beetje, en meng het in de mix. Voeg de hoeveelheid kleurstof toe om de gewenste kleur te krijgen en meng goed.
b) Rol dit mengsel in kleine balletjes. Leg ze een paar centimeter uit elkaar op een bakplaat die bekleed is met bakpapier. Gebruik een vork om ze plat te maken.
c) Laat de muntpasteitjes enkele uren in de koelkast opstijven. Haal de pasteitjes uit de koelkast en laat ze enkele dagen op kamertemperatuur staan om te drogen.

d) Na een paar dagen, wanneer de burgers zijn uitgedroogd, doe je ze in een luchtdicht afsluitbare bak en bewaar je ze in de koelkast.

39. Kokosnoot Marshmallow Ballen

Ingrediënten:

- 2 ons boter
- 2 eetlepels cacao
- 3 eetlepels gecondenseerde melk
- 2 ons bruine suiker
- 1/8 ons fijn gemalen hasj of hoogwaardige cannabis
- 170 gram gedroogde cocosnoot
- 140 gram kleine witte marshmallows

Routebeschrijving:

a) Nadat je de boter in een pan hebt gesmolten, meng je je cocosnoot, melk, suiker en hasj erdoor. Blijf verwarmen en roer af en toe, totdat de ingrediënten zijn gesmolten. Wees heel voorzichtig dat je het niet laat koken.
b) Haal het van het vuur en voeg het grootste deel van de kokosnoot toe. Houd net genoeg over voor de laatste portie. Verdeel het mengsel nu in 15 balletjes van dezelfde grootte en druk ze plat, net genoeg om ze om een marshmallow te wikkelen.
c) Rol één marshmallow in de overgebleven kokosnoot totdat er een royale laag kokosolie op zit.
d) Wij raden aan om er slechts 1-2 per persoon te eten, ondanks hun smaak.

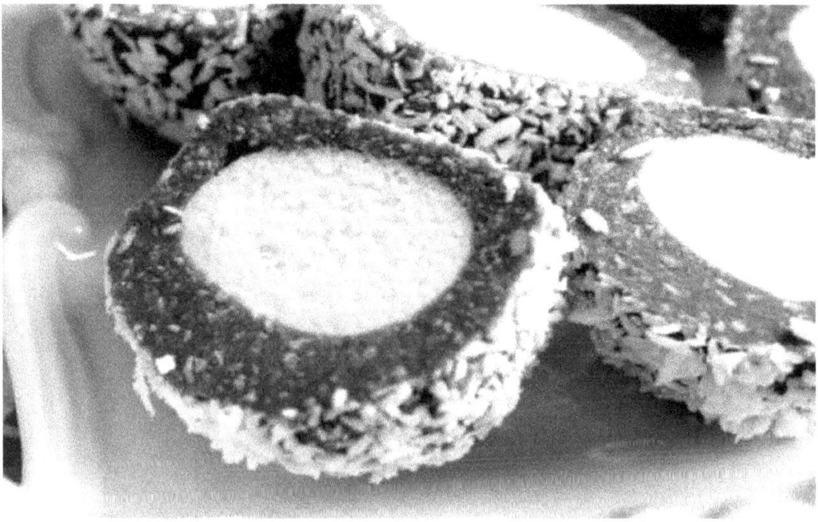

40. Pindakaas Goo Balls

Opbrengst: 15 Goo Balls

Ingrediënten:

a) 250 g gesmolten boter
b) 225 gram olijven
c) 250 gram pindakaas
d) 3 eetlepels honing
e) 2 eetlepels gemalen kaneel
f) 2 eetlepels cacaopoeder

Routebeschrijving:

a) Doe alle ingrediënten in een grote kom en roer tot alles goed gemengd is.
b) Doe het mengsel in de vriezer en laat het 10-20 minuten staan.
c) Vorm het mengsel tot individuele ballen, ter grootte van uw voorkeur. Laat het daarna op wat waspapier vallen om te laten uitharden.
d) Sommige mensen geven er de voorkeur aan om andere ingrediënten toe te voegen, zoals gehakte walnoten, rozijnen, Rice Krispies of Corn Flakes, gewoon om te experimenteren.
e) Je kunt meer havermout toevoegen als je het eindresultaat te plakkerig en smeuïg vindt, of meer honing of pindakaas toevoegen als het te droog blijkt te zijn. Het gaat erom dat je creatief bent en je eigen draai geeft aan deze lekkernij.
f) Zodra dat is gebeurd, bent u klaar om deze heerlijke traktatie te serveren. U kunt het eten als dessert, als tussendoortje of gewoon op elk ander moment van de dag.
g) Genieten!

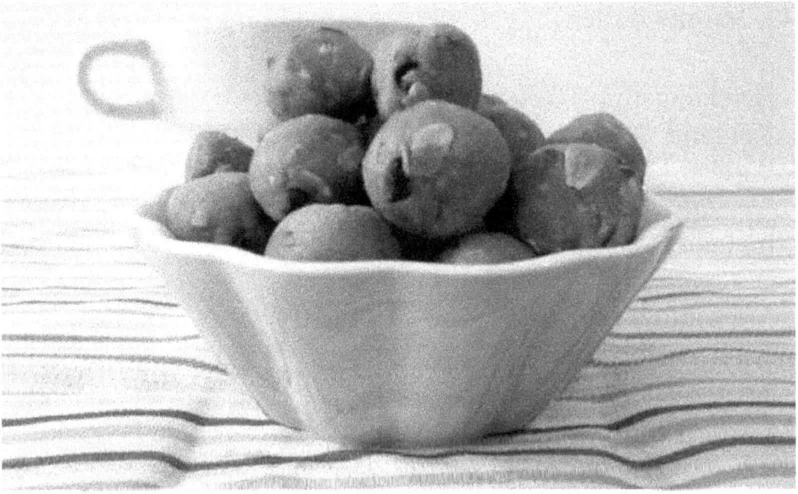

41. Sneeuwballen

Bereidingstijd: 1 ½ uur.
Kooktijd: 20-25 minuten
Porties: 12

Ingrediënten:

8. 1 kopje boter, zacht
9. 1/4 kopje suiker
10. 1 tl puur vanille-extract
11. 2 kopjes bloem voor alle doeleinden
12. 2 eetlepels maizena
13. 1 kopje ongezouten geroosterde amandelen, fijngehakt
14. 1/4 tl zout
15. 1 kopje poedersuiker om te coaten

Routebeschrijving:

- Met een standmixer of handmixer klop je de boter met 1/4 kopje suiker tot het romig is. Voeg het vanille-extract toe. Klop voorzichtig de bloem, maizena, geroosterde amandelen en zout erdoor tot het goed gemengd is. Wikkel het in plasticfolie en leg het een uur in de koelkast. Verwarm de oven voor op 325°. Haal het gekoelde deeg uit de koelkast en pak ongeveer een eetlepel deeg en vorm het tot een bal van 1 inch.
- Leg de ballen op de bakplaat, ongeveer 2,5 cm uit elkaar. Bak de koekjes op het middelste rek van de oven gedurende 20 minuten, of tot ze goudbruin en gaar zijn. Vul een ondiepe kom met 1 kopje gezeefde poedersuiker. Laat ze ongeveer 5 minuten afkoelen en rol de koekjes, wanneer ze koud genoeg zijn om aan te raken, door de poedersuiker en leg ze opzij op het met bakpapier beklede rek om volledig af te koelen. Bestrooi ze, wanneer ze zijn afgekoeld, opnieuw met de poedersuiker en bewaar ze in een luchtdichte container.

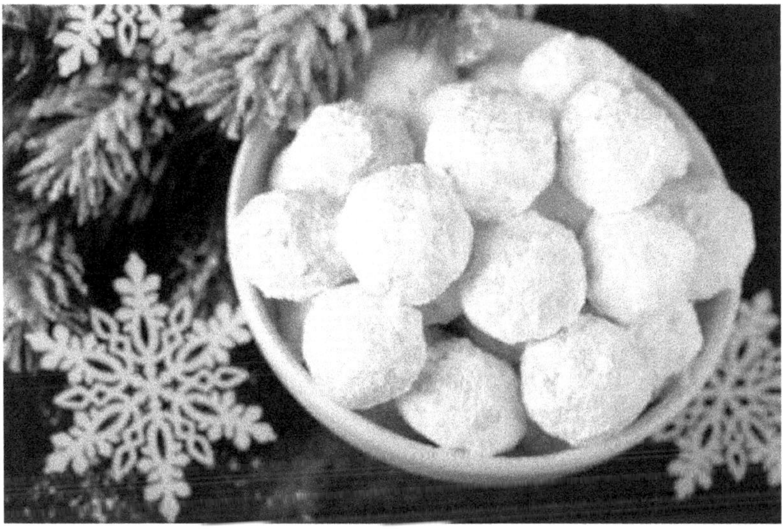

DESSERT VET BOMMEN

- **Napolitaanse vetbommen**

INGREDIËNTEN

- 1/2 kopje boter
- 1/2 kopje kokosolie
- 1/2 kopje zure room
- 1/2 kopje roomkaas
- 2 eetlepels Erythritol
- 25 druppels vloeibare stevia
- 2 eetlepels cacaopoeder
- 1 tl. Vanille-extract
- 2 middelgrote aardbeien

ROUTEBESCHRIJVING

- Meng in een kom de boter, kokosolie, zure room, roomkaas, erythritol en vloeibare stevia.
- Meng de ingrediënten met een staafmixer tot een glad mengsel.
- Verdeel het mengsel in 3 verschillende kommen. Voeg cacaopoeder toe aan de ene kom, aardbeien aan de andere kom en vanille aan de laatste kom.
- Meng alle ingrediënten opnieuw met een staafmixer. Verdeel het chocolademengsel in een bakje met een tuit.
- Giet het chocolademengsel in de fatbomvorm. Zet 30 minuten in de vriezer en herhaal dit met het vanillemengsel.
- Vries het vanillemengsel 30 minuten in, herhaal het proces dan met het aardbeienmengsel. Vries het opnieuw in voor minstens 1 uur.
- Zodra ze helemaal bevroren zijn, haal je ze uit de vetbommenvormpjes.

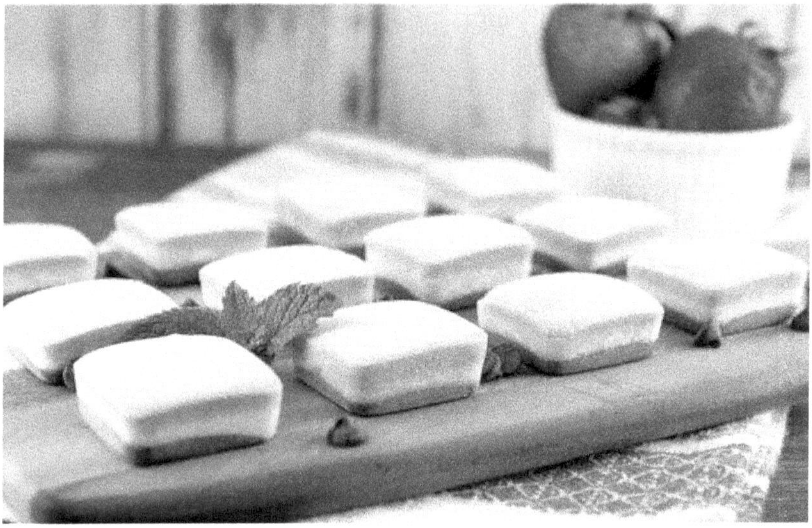

- **Esdoorn- en spekvetlolly's**

  INGREDIËNTEN
1. 2 eetlepels kokosboter
2. Cakepops met esdoornsiroop en spek
3. 6 Oz. Burgers' Smokehouse Country Bacon
4. 5 grote eieren, gescheiden
5. 1/4 kopje ahornsiroop
6. 1/2 tl. Vanille-extract
7. 1/4 kopje Erythritol
8. 1/4 theelepel vloeibare Stevia
9. 1 kopje Honeyville amandelmeel
10. 2 eetlepels Psyllium Husk-poeder
11. 1 tl bakpoeder
12. 1/2 tl. Wijnsteenzuur
13. Gezouten Karamel Glazuur 5 eetlepels Boter
14. 5 eetlepels slagroom
15. 2 1/2 eetlepels Torani suikervrije gezouten karamel

    ROUTEBESCHRIJVING
1. Snijd 170 gram Burgers' Smokehouse Country Bacon in kleine stukjes.
2. U kunt het spek hiervoor het beste 30 minuten van tevoren invriezen of een schaar gebruiken.
3. Verhit een pan op middelhoog vuur en bak het spek tot het knapperig is.
4. Haal het spek uit de pan als het knapperig is en laat het drogen op keukenpapier. Bewaar het overtollige spekvet om er groenten of ander vlees in te bakken.
5. Verwarm de oven voor op 160°C. Scheid in 2 aparte kommen de eiwitten van de eidooiers van 5 grote eieren.
6. Doe 1/4 kopje ahornsiroop, 1/4 kopje erythritol, 1/4 theelepel vloeibare stevia en 1/2 theelepel vanille-extract in de kom met de eidooiers.

7. Meng dit met een handmixer ongeveer 2 minuten. De eidooiers zouden lichter van kleur moeten worden.
8. Voeg 1 kopje Honeyville amandelmeel, 2 eetlepels psylliumvezelpoeder, 2 eetlepels kokosboter en 1 theelepel bakpoeder toe.
9. Meng dit nogmaals totdat er een dik beslag ontstaat.
10. Spoel de gardes van de handmixer af in de gootsteen, zodat alle vetresten van de gardes af zijn.
11. Voeg 1/2 theelepel wijnsteenzuur toe aan de eiwitten.
12. Klop de eiwitten met een handmixer tot er stevige pieken ontstaan.
13. Voeg 2/3 van het knapperige spek toe aan het cakepopbeslag.
14. Voeg ongeveer 1/3 van de eiwitten toe aan het beslag en meng het goed door elkaar.

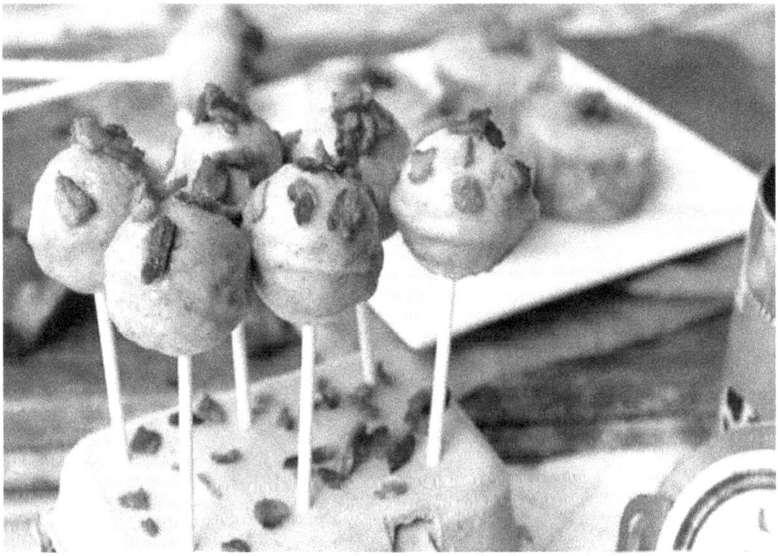

a) Kokosnoot-sinaasappel vetbommen

INGREDIËNTEN

a) 1/2 kopje kokosolie
b) 1/2 kopje slagroom
c) 4 oz. roomkaas
d) 1 tl. Sinaasappel Vanille Mio
e) druppels vloeibare stevia

ROUTEBESCHRIJVING

1. Meet de kokosolie, slagroom en roomkaas af.
2. Gebruik een staafmixer om alle ingrediënten te mengen. Als je moeite hebt met het mengen van de ingrediënten, kun je ze 30 seconden tot 1 minuut in de magnetron zetten om ze zachter te maken.
3. Voeg Orange Vanilla Mio en vloeibare stevia toe aan het mengsel en meng alles met een lepel.
4. Doe het mengsel in een siliconenvorm (ik heb een geweldige Avenger's Ice Cube Tray) en zet het 2-3 uur in de vriezer.
5. Zodra het is uitgehard, haal het uit de siliconen bak en bewaar het in de vriezer. Geniet ervan!

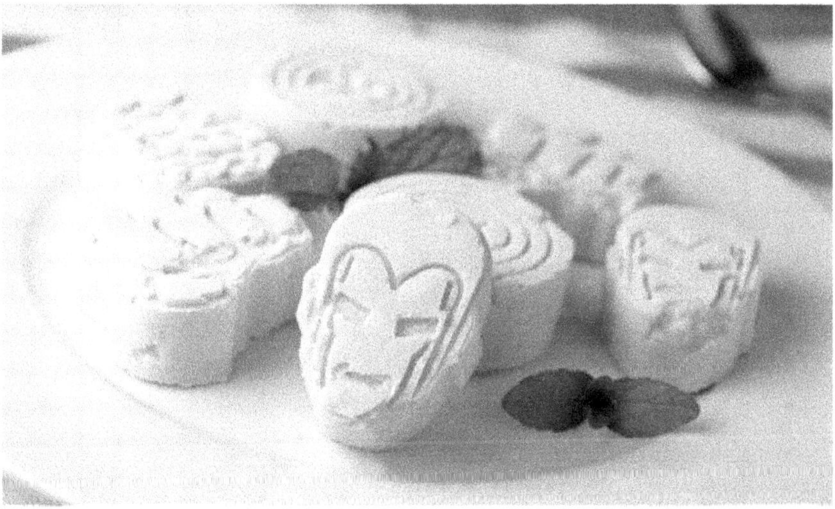

a) Jalapeno-bommen

INGREDIËNTEN
- 1 kopje boter, zacht
- 3 oz. roomkaas
- 3 plakjes spek
- 1 middelgrote Jalapeno peper
- 1/2 tl. Gedroogde Peterselie
- 1/4 tl. Uienpoeder
- 1/4 theelepel knoflookpoeder
- Zout en peper naar smaak

ROUTEBESCHRIJVING
- Bak 3 plakjes spek in een pan tot ze knapperig zijn.
- Haal het spek uit de pan, maar bewaar het resterende vet voor later gebruik.
- Wacht tot het spek is afgekoeld en knapperig.
- Verwijder de zaadjes van een jalapeño peper en snijd hem in kleine stukjes.
- Meng roomkaas, boter, jalapeno en kruiden. Breng op smaak met zout en peper.
- Voeg het spekvet toe en meng tot er een vast mengsel ontstaat.
- Verkruimel spek en leg op een bord. Rol het roomkaasmengsel met je hand tot balletjes en rol de bal vervolgens door het spek.

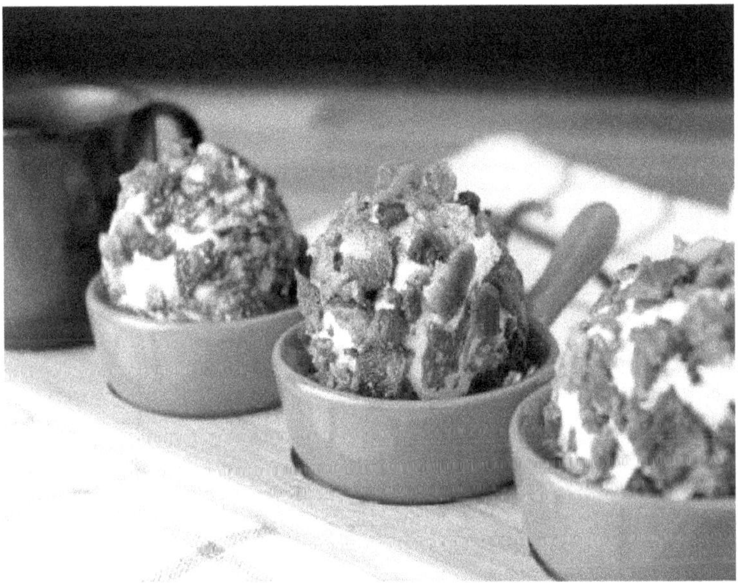

1. Pizza vetbommen

INGREDIËNTEN
- 4 oz. roomkaas
- plakjes Pepperoni
- ontpitte zwarte olijven
- 2 eetlepels Pesto van zongedroogde tomaten

ROUTEBESCHRIJVING

a) Snijd de pepperoni en de olijven in kleine stukjes.
b) Meng basilicum, tomatenpesto en roomkaas.
c) Voeg de olijven en pepperoni toe aan de roomkaas en meng opnieuw.
d) Vorm er balletjes van en garneer ze met pepperoni, basilicum en olijven.

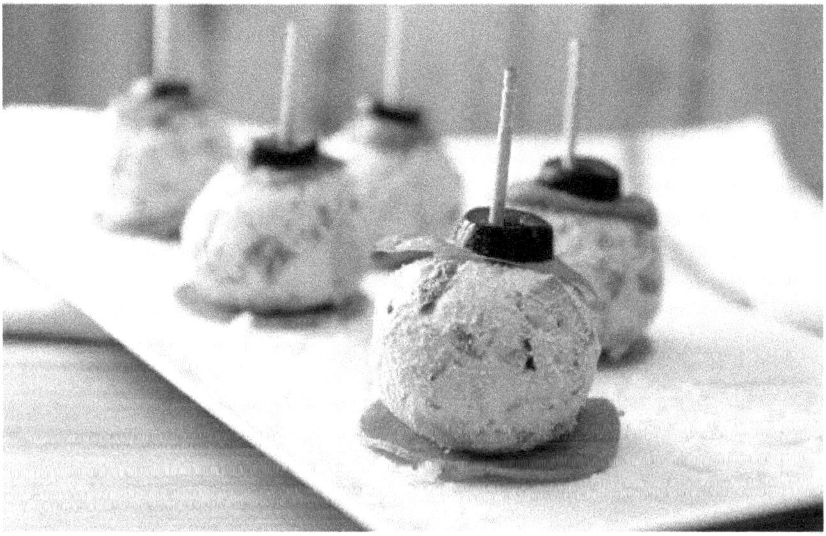

2. Pindakaas vetbommen

INGREDIËNTEN

- 1/2 kopje kokosolie
- 1/4 kopje cacaopoeder
- eetlepels PB Fit Poeder
- el. Gepelde hennepzaden
- 2 eetlepels slagroom
- 1 tl. Vanille-extract
- 28 druppels vloeibare stevia
- 1/4 kopje ongezoete geraspte kokosnoot

ROUTEBESCHRIJVING

1. Meng alle droge ingrediënten met de kokosolie. Het kan even wat werk kosten, maar uiteindelijk wordt het een pasta.
2. Voeg slagroom, vanille en vloeibare stevia toe. Meng opnieuw tot alles gemengd en licht romig is.
3. Verdeel de ongezoete geraspte kokosnoot over een bord.

4. Rol de balletjes met je hand uit en rol ze vervolgens door de ongezoete geraspte kokos. Leg ze op een bakplaat bedekt met bakpapier. Zet ze ongeveer 20 minuten in de vriezer.

- **Esdoorn pecan fat bomb repen**

    INGREDIËNTEN

a) 2 kopjes pecannotenhelften
b) 1 kopje amandelmeel
c) 1/2 kopje gouden lijnzaadmeel
d) 1/2 kopje ongezoete geraspte kokosnoot
e) 1/2 kopje kokosolie
f) 1/4 kopje "Ahornsiroop"
g) 1/4 theelepel vloeibare Stevia (~25 druppels)

ROUTEBESCHRIJVING

1. Meet 2 kopjes pecannotenhelften af en bak ze 6-8 minuten op 350F in de oven. Net genoeg om ze aromatisch te laten worden.
2. Haal de pecannoten uit de oven en doe ze in een plastic zak. Gebruik een deegroller om ze in stukken te pletten. De consistentie maakt niet zoveel uit,
3. Meng de droge ingrediënten in een kom: 1 kopje amandelmeel, 1/2 kopje gouden lijnzaadmeel en 1/2 kopje ongezoete geraspte kokosnoot.
4. Voeg de gemalen pecannoten toe aan de kom en meng opnieuw.
5. Voeg ten slotte de 1/2 kop Kokosnootolie, 1/4 kop "Ahornsiroop" (recept hier) en 1/4 tl. Vloeibare Stevia toe. Meng dit goed tot er een kruimelig deeg ontstaat.
6. Druk het deeg in een ovenschaal. Ik gebruik hiervoor een 11×7 ovenschaal.
7. Bak gedurende 20-25 minuten op 175°C, of tot de randen lichtbruin zijn.
8. Haal het uit de oven, laat het gedeeltelijk afkoelen en zet het minstens 1 uur in de koelkast (zodat het netjes gesneden kan worden).

9. Snijd het in 12 stukken en haal ze eruit met een spatel.

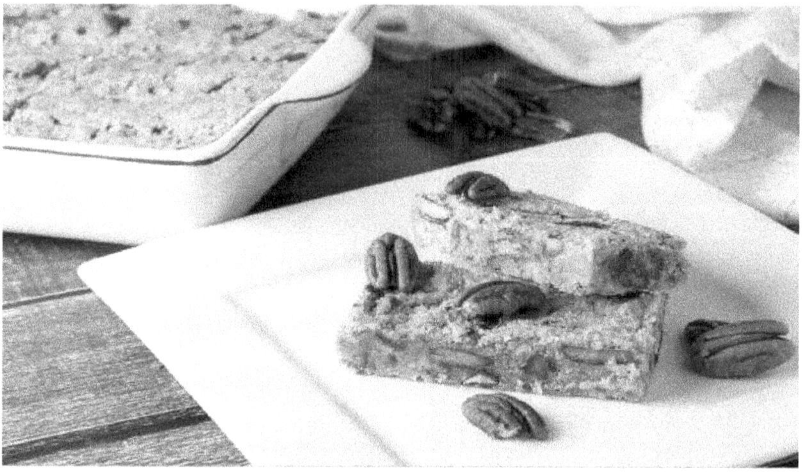

- **Kaasachtige spekbommen**

INGREDIËNTEN
- 3 oz. Mozzarellakaas
- eetlepels amandelmeel
- eetlepels boter, gesmolten
- 3 eetlepels Psyllium Husk-poeder
- 1 groot ei
- 1/4 theelepel zout
- 1/4 tl. Versgemalen zwarte peper
- 1/8 tl Knoflookpoeder
- 1/8 tl. Uienpoeder
- plakjes spek
- 1 kopje olie, reuzel of talk (om te frituren)

ROUTEBESCHRIJVING
1. Voeg 113 gram (halve) mozzarellakaas toe aan een kom.
2. Verwarm 4 eetlepels boter 15-20 seconden in de magnetron, of tot de boter volledig gesmolten is.
3. Verwarm de kaas 45-60 seconden in de magnetron tot hij gesmolten en kleverig is (zou een
4. Voeg 1 ei en de boter toe aan het mengsel en meng goed.
5. Voeg 4 eetlepels amandelmeel, 3 eetlepels psylliumschil en de rest van je kruiden toe aan het mengsel (1/4 theelepel zout, 1/4 theelepel versgemalen zwarte peper, 1/8 theelepel knoflookpoeder en 1/8 theelepel uienpoeder).
6. Meng alles door elkaar en gooi het op een silpat. Rol het deeg uit, of vorm het deeg met je handen tot een rechthoek.
7. Verdeel de rest van de kaas over de helft van het deeg en vouw het deeg in de lengte dubbel.
8. Vouw het deeg nogmaals verticaal, zodat er een vierkant ontstaat.

9. Knijp de randen met je vingers dicht en druk het deeg samen tot een rechthoek. Je wilt dat de vulling strak van binnen zit.
10. Snijd het deeg met een mes in 20 vierkantjes.
11. Snijd elke plak spek doormidden en leg het vierkantje op het uiteinde van 1 plak spek.
12. Rol het deeg strak in het spek totdat de uiteinden overlappen. U kunt uw spek indien nodig "uitrekken" voordat u het oprolt.
13. Gebruik een tandenstoker om het spek vast te zetten nadat u het hebt opgerold.
14. Doe dit voor elk stukje deeg dat je hebt. Uiteindelijk heb je 20 cheesy bacon bombs.
15. Verhit olie, reuzel of talg tot 175-190°C en bak de kaasachtige baconbommetjes, 3 of 4 stuks tegelijk.

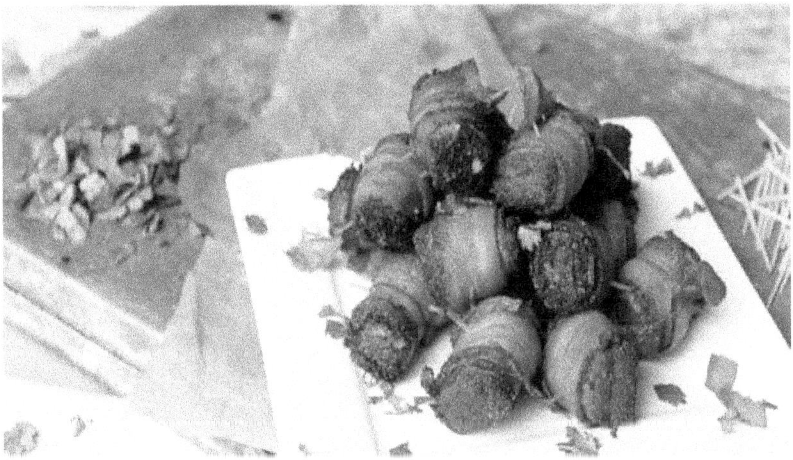

- **Karamel spek Fat Pop**

INGREDIËNTEN

- Cakepops met esdoornsiroop en spek
- 6 Oz. Burgers' Smokehouse Country Bacon
- 5 grote eieren, gescheiden 1/4 kopje ahornsiroop (recept hier)
- 1/2 tl. Vanille-extract 1/4 kopje NOW Erythritol 1/4 tl. Vloeibare Stevia
- 1 kopje Honeyville amandelmeel
- 2 eetlepels Psyllium Husk-poeder
- 1 tl bakpoeder
- 2 eetlepels boter
- 1/2 tl. Wijnsteenzuur
- Gezouten Karamel Glazuur 5 eetlepels Boter
- 5 eetlepels slagroom
- 2 1/2 eetlepels Torani suikervrije gezouten karamel

ROUTEBESCHRIJVING

a) Snijd 170 gram Burgers' Smokehouse Country Bacon in kleine stukjes.
b) U kunt het spek hiervoor het beste 30 minuten van tevoren invriezen of een schaar gebruiken.
c) Verhit een pan op middelhoog vuur en bak het spek tot het knapperig is.
d) Haal het spek uit de pan als het knapperig is en laat het drogen op keukenpapier. Bewaar het overtollige spekvet om er groenten of ander vlees in te bakken.
e) Verwarm de oven voor op 160°C. Scheid in 2 aparte kommen de eiwitten van de eidooiers van 5 grote eieren.
f) Doe 1/4 kopje ahornsiroop (recept hier), 1/4 kopje erythritol, 1/4 theelepel vloeibare stevia en 1/2 theelepel vanille-extract in de kom met de eidooiers.

g) Meng dit met een handmixer ongeveer 2 minuten. De eidooiers zouden lichter van kleur moeten worden.
h) Voeg 1 kopje Honeyville amandelmeel, 2 eetlepels psylliumvezelpoeder, 2 eetlepels boter en 1 theelepel bakpoeder toe.
i) Meng dit nogmaals totdat er een dik beslag ontstaat.
j) Spoel de gardes van de handmixer af in de gootsteen, zodat alle vetresten van de gardes af zijn.
k) Voeg 1/2 theelepel wijnsteenzuur toe aan de eiwitten.
l) Klop de eiwitten met een handmixer tot er stevige pieken ontstaan.
m) Voeg 2/3 van het knapperige spek toe aan het cakepopbeslag.
n) Voeg ongeveer 1/3 van de eiwitten toe aan het beslag en meng het goed door elkaar.
o)

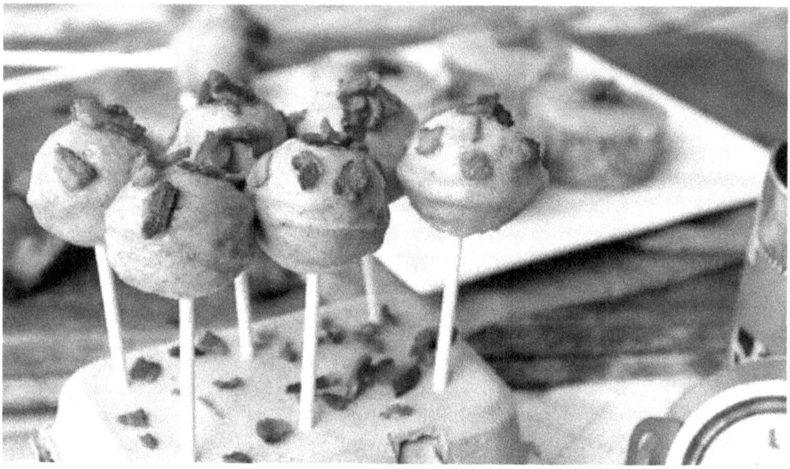

3. Gezouten karamel cashewnotenrepen

Ingrediënten:
- 2 kopjes bloem voor alle doeleinden
- ½ tl bakpoeder
- ½ tl zout
- 12 eetlepels boter, op kamertemperatuur
- 6 eetlepels ongezouten boter, in stukjes gesneden
- 1 kopje lichtbruine suiker, stevig aangedrukt
- 1 groot ei
- 3 tl vanille-extract
- 1½ kopje kristalsuiker
- 1 kopje slagroom
- 2 kopjes gezouten, geroosterde cashewnoten

p) Verwarm de oven voor op 171°C (340°F). Bekleed een bakvorm van 23×33 cm (9×13 inch) met bakpapier en zet opzij. Meng in een kleine kom bloem voor alle doeleinden, bakpoeder en ¼ theelepel zout. Zet opzij.

q) Meng in een middelgrote kom 6 eetlepels boter, ongezouten boter en lichtbruine suiker met een elektrische mixer op gemiddelde snelheid gedurende 5 minuten tot het licht en luchtig is. Voeg ei en 1 theelepel vanille-extract toe en klop gedurende 2 minuten op lage snelheid tot het gemengd is.

r) Voeg het bloemmengsel toe en klop op gemiddelde snelheid gedurende 2 tot 3 minuten. Druk het korstmengsel in de voorbereide pan. Laat 30 minuten afkoelen.

s) Verhit de kristalsuiker in een middelgrote pan met antiaanbaklaag op middelhoog vuur. Wanneer je ziet dat de suiker begint te kleuren, roer je tot het lichtbruin is, ongeveer 5 tot 7 minuten. Voeg voorzichtig slagroom toe en roer tot het glad is.

t) Zet het vuur laag en voeg de resterende 6 eetlepels boter, de resterende 2 theelepels vanille-extract en de resterende ¼ theelepel zout toe. Roer tot de boter is gesmolten en haal van het vuur.

u) Roer cashewnoten door het karamelmengsel. Giet het karamel-cashewnotenmengsel in de pan op de gekoelde korst. Bak gedurende 20 minuten tot het gestold is. Laat het volledig afkoelen voordat u het snijdt.

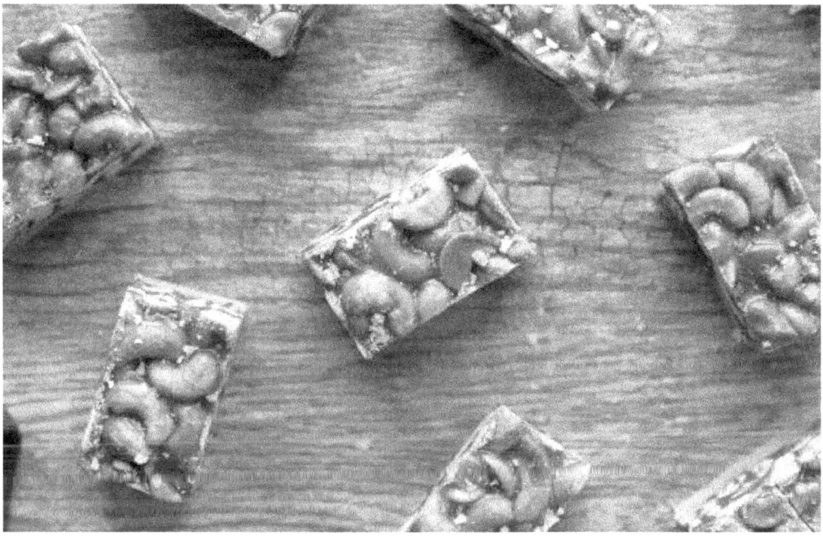

4. Pistache karamels

Ingrediënten:
- ½ kopje boter
- 2 kopjes donkerbruine suiker, stevig aangedrukt
- ½ kopje donkere maïstroop
- 2 kopjes slagroom
- ¼ tl zout
- 1 kopje gehakte pistachenoten, geroosterd
- 2 tl vanille-extract

Routebeschrijving

h) Bekleed een vierkante pan van 20 cm met aluminiumfolie, spuit er antiaanbakspray op en zet opzij.
i) Smelt boter in een middelgrote pan op laag vuur. Voeg donkerbruine suiker, donkere glucosestroop, 1 kopje slagroom en zout toe. Breng aan de kook, af en toe roerend, gedurende 12 tot 15 minuten of tot het mengsel 225°F (110°C) bereikt op een snoepthermometer.
j) Voeg langzaam de resterende 1 kop slagroom toe. Breng het mengsel aan de kook en kook nog 15 minuten of tot het 250°F (120°C) bereikt. Haal van het vuur en voeg pistachenoten en vanille-extract toe. Giet in de voorbereide pan.
k) Laat het minimaal 3 uur afkoelen voordat u het uit de folie haalt en in 48 stukken snijdt.
l) Knip het waspapier in 48 vierkanten van 7,5 cm. Plaats elke karamel in het midden van een vierkantje waspapier, rol het papier op rond de karamel en draai de uiteinden van het papier.

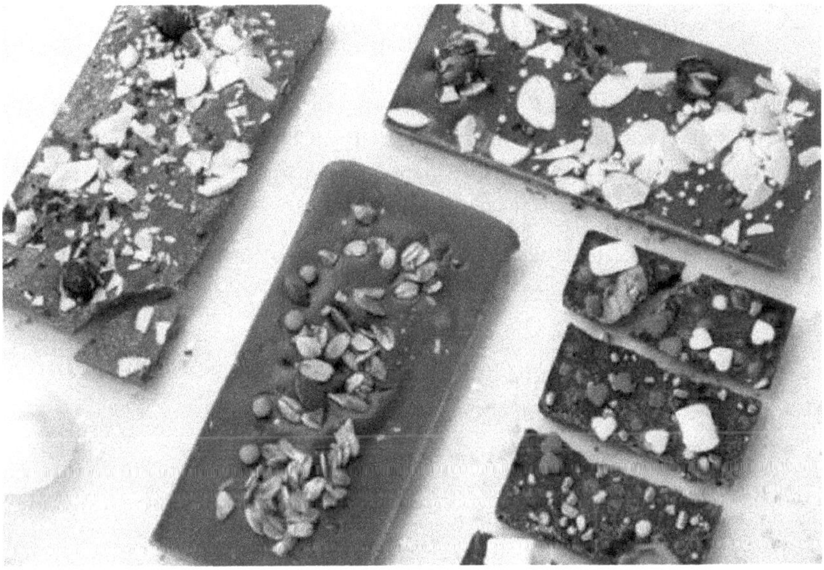

5. Key lime vierkantjes

Ingrediënten:
- 4 eetlepels ongezouten boter, op kamertemperatuur
- 4 eetlepels boter, op kamertemperatuur
- ½ kopje poedersuiker
- 2 kopjes plus 5 eetlepels bloem voor alle doeleinden
- 1 tl vanille-extract
- Snufje zout
- 4 grote eieren, licht geklopt
- 1¾ kopje kristalsuiker
- ¼ kopje limoensap
- 1 EL geraspte limoenschil

Routebeschrijving
15. Verwarm de oven voor op 171°C. Vet een bakvorm van 23×33 cm licht in met antiaanbakspray en zet opzij.
16. Klop in een grote kom de ongezouten boter, boter en poedersuiker met een elektrische mixer op gemiddelde snelheid gedurende 3 tot 4 minuten of tot het licht en luchtig is.
17. Voeg de bloem, het vanille-extract en het zout toe en meng nog 2 tot 3 minuten, of tot alles goed gemengd is.
18. Druk het deeg in de bodem van de voorbereide pan. Bak gedurende 20 tot 23 minuten, tot het licht goudbruin is. Laat de korst 10 minuten afkoelen.
19. Klop in een grote kom de eieren en kristalsuiker door elkaar. Voeg limoensap en limoenrasp toe en klop goed.
20. Giet het mengsel over de afgekoelde korst en bak 23 tot 25 minuten of tot het is gestold. Laat volledig afkoelen voordat u het in 12 vierkantjes snijdt.
21. Bewaren: Goed verpakt in plasticfolie, maximaal 5 dagen in de koelkast bewaren.

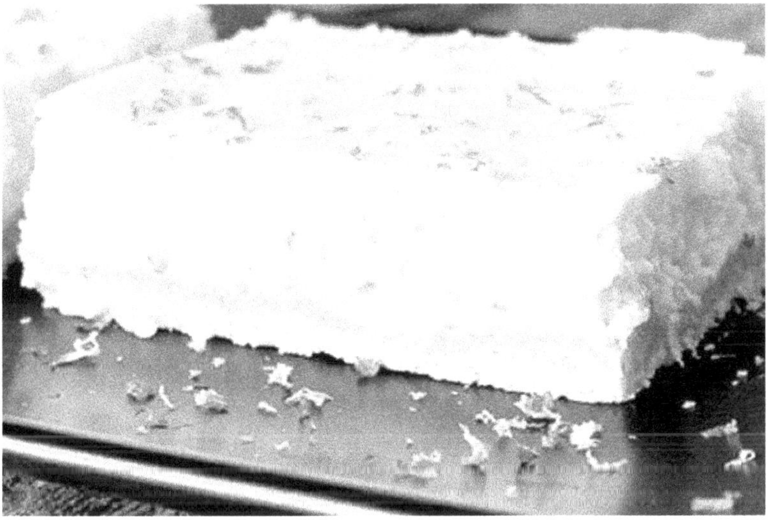

6. Witte chocolade granola bites

Ingrediënten:
- 1½ kopje granola
- 3 eetlepels boter, gesmolten
- 2 kopjes witte chocoladesmelts

Routebeschrijving
6. Verwarm de oven voor op 250°F (120°C). Meng op een bakplaat met opstaande rand de granola en 2 eetlepels boter. Zet de bakplaat 5 minuten in de oven.
7. Haal de bakplaat eruit en roer tot de granola helemaal gemengd is met boter. Zet de bakplaat 15 minuten terug in de oven en roer elke 5 minuten. Haal uit de oven en laat de granola helemaal afkoelen.
8. In een dubbele boiler op middelhoog vuur, combineer witte chocolade melts en de resterende 1 eetlepel boter. Roer gedurende 5 tot 7 minuten, of tot de witte chocolade volledig is gesmolten en grondig is gemengd met boter. Haal van het vuur.
9. Roer de afgekoelde granola door het witte chocolademengsel. Schep met afgeladen eetlepels op bakpapier en laat volledig afkoelen voor het serveren.
10. Bewaren: Bewaar in een luchtdichte verpakking bij kamertemperatuur gedurende maximaal 1 week.

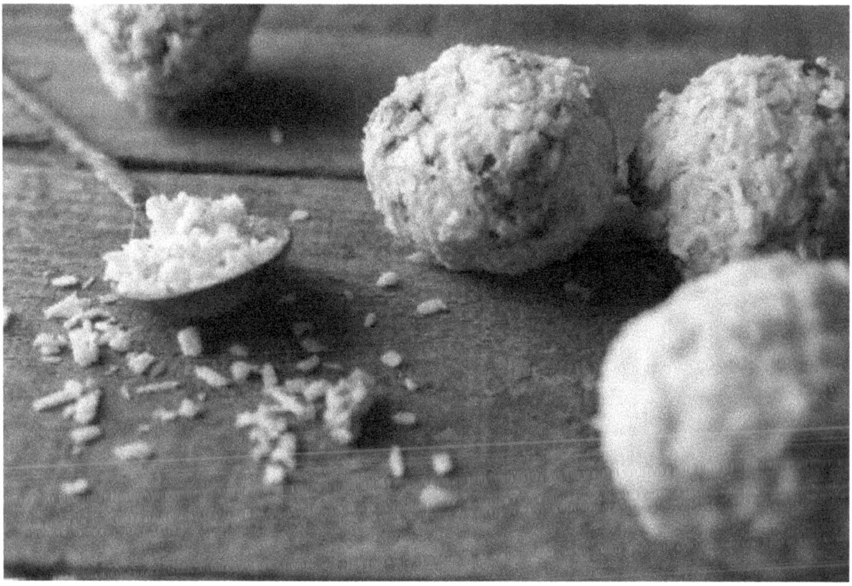

7. Gesuikerde spek-toffee vierkantjes

Ingrediënten:
- 8 plakjes spek
- ¼ kopje lichtbruine suiker, stevig aangedrukt
- 8 eetlepels boter, zacht
- 2 eetlepels ongezouten boter, zacht
- ⅓ kopje donkerbruine suiker, stevig aangedrukt
- ⅓ kopje poedersuiker
- 1½ kopje bloem voor alle doeleinden
- ½ tl zout
- ½ kopje toffeestukjes
- 1 kopje pure chocolade chips
- ⅓ kopje gehakte amandelen

Routebeschrijving
6. Verwarm de oven voor op 180°C. Meng in een middelgrote kom het spek en de lichtbruine suiker en leg ze in een enkele laag op een bakplaat.
7. Bak gedurende 20 tot 25 minuten of tot het spek goudbruin en knapperig is. Haal uit de oven en laat 15 tot 20 minuten afkoelen. Snijd in kleine stukjes.
8. Verlaag de oventemperatuur naar 171°C. Bekleed een bakvorm van 23×33 cm met aluminiumfolie, spuit er antiaanbakspray op en zet opzij.
9. Meng in een grote kom boter, ongezouten boter, donkerbruine suiker en poedersuiker met een elektrische mixer op gemiddelde snelheid tot het licht en luchtig is. Voeg geleidelijk bloem en zout toe en meng tot het net gemengd is. Roer er ¼ kopje toffeestukjes doorheen tot ze gelijkmatig verdeeld zijn.
10. Druk het deeg in de voorbereide pan en bak 25 minuten of tot het goudbruin is. Haal het uit de oven, bestrooi met pure chocoladechips en laat het 3 minuten staan of tot de chips zacht zijn.
11. Verdeel de zachte chocolade gelijkmatig over de bovenkant en bestrooi met amandelen, gekonfijte bacon en de resterende ¼

kop toffeestukjes. Laat 2 uur afkoelen of tot de chocolade is gestold. Snijd in 16 vierkanten van 2 inch (5 cm).
12. Bewaren: Bewaar in een luchtdichte verpakking in de koelkast gedurende maximaal 1 week.

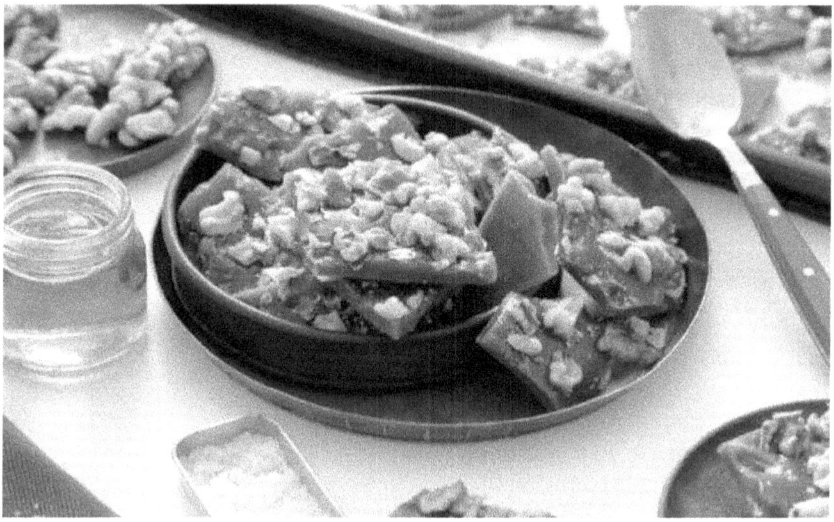

8. Karamel Walnoot Droomrepen

Ingrediënten:
- 1 doos gele cake mix
- 3 eetlepels boter zacht gemaakt
- 1 ei
- 14 ons gezoete gecondenseerde melk
- 1 ei
- 1 theelepel puur vanille-extract
- 1/2 kopje fijn gemalen walnoten
- 1/2 kopje fijn gemalen toffeestukjes

Routebeschrijving:
h) Verwarm de oven voor op 175 graden. Bespuit de rechthoekige bakvorm met bakspray en zet hem opzij.
i) Doe cake mix, boter en een ei in een mengkom en meng tot het kruimelig is. Druk het mengsel op de bodem van de voorbereide pan en zet het opzij.
j) Meng in een andere kom de melk, het resterende ei, extract, walnoten en toffeestukjes.
k) Goed mengen en over de bodem in de pan gieten. Bak 35 minuten.

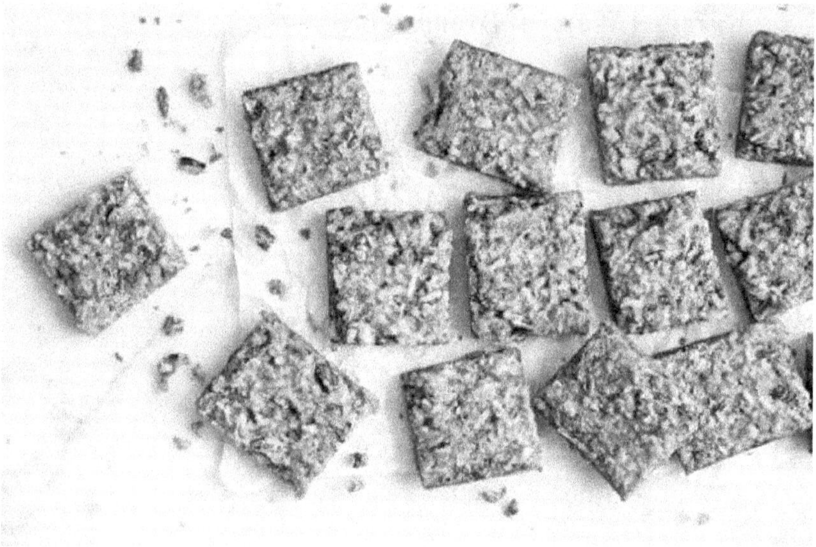

9. Chronische pecannotenrepen

INGREDIËNTEN
- 2 kopjes pecannotenhelften
- 1 kopje cassavemeel
- 1/2 kopje gouden lijnzaadmeel
- 1/2 kopje ongezoete geraspte kokosnoot
- 1/2 kopje Cana-kokosolie
- 1/4 kopje honing
- 1/4 theelepel vloeibare Stevia

ROUTEBESCHRIJVING

16. Meet 2 kopjes pecannotenhelften af en bak ze 6-8 minuten op 350F in de oven. Net genoeg om ze aromatisch te laten worden.
17. Haal de pecannoten uit de oven en doe ze in een plastic zak. Gebruik een deegroller om ze in stukken te pletten. De consistentie maakt niet zoveel uit.
18. Meng de droge ingrediënten in een kom: 1 kopje cassavemeel, 1/2 kopje gouden lijnzaadmeel en 1/2 kopje ongezoete geraspte kokosnoot.
19. Voeg de gemalen pecannoten toe aan de kom en meng opnieuw.
20. Voeg ten slotte de 1/2 kop Cana Kokosnootolie, 1/4 kop honing en 1/4 tl. Vloeibare Stevia toe. Meng dit goed door elkaar tot er een kruimelig deeg ontstaat.
21. Druk het deeg in een ovenschaal.
22. Bak gedurende 20-25 minuten op 175°C, of tot de randen lichtbruin zijn.
23. Haal het uit de oven, laat het gedeeltelijk afkoelen en zet het vervolgens minimaal 1 uur in de koelkast.
24. Snijd het in 12 stukken en haal ze eruit met een spatel.

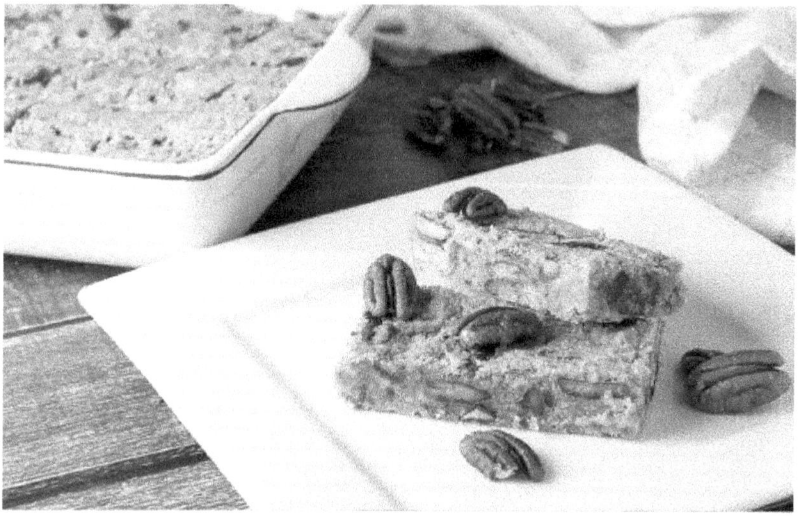

16. Amandelboter chia vierkantjes

INGREDIËNTEN
- 1/2 kopje rauwe amandelen
- 1 eetl. + 1 tl. Kokosnootolie
- eetlepels NU Erythritol
- 2 eetlepels boter
- 1/4 kopje slagroom
- 1/4 theelepel vloeibare Stevia
- 1 1/2 theelepel vanille-extract

ROUTEBESCHRIJVING
4. Voeg 1/2 kopje rauwe amandelen toe aan een pan en rooster ze ongeveer 7 minuten op middelhoog vuur. Net genoeg zodat je de nootachtige geur begint te ruiken.
5. Doe de noten in de keukenmachine en maal ze fijn.
6. Zodra ze een melige consistentie hebben bereikt, voeg je 2 eetlepels NU Erythritol en 1 theelepel Kokosnootolie toe.
7. Blijf de amandelen malen totdat er amandelpasta ontstaat en de boter bruin is.
8. Zodra de boter bruin is, voeg je 1/4 kopje slagroom, 2 eetlepels. NOW Erythritol, 1/4 theelepel. Vloeibare Stevia en 1 1/2 theelepel. Vanille-extract toe aan de boter. Zet het vuur laag en roer goed terwijl de room bubbelt.
9. Maal 1/4 kopje chiazaad in een kruidenmolen tot er poeder ontstaat.
10. Begin met het roosteren van chiazaad en 1/2 kopje ongezoete geraspte kokosvlokken in een pan op middelhoog vuur. Je wilt dat de kokos lichtbruin wordt.
11. Voeg amandelboter toe aan het boter-slagroommengsel en roer het goed door. Laat het inkoken tot een pasta.

12. Doe in een vierkante (of welke maat je ook wilt) ovenschaal het amandelbotermengsel, geroosterde chia en kokosmengsel en 1/2 kopje kokosroom. Je kunt de kokosroom in een pan doen om het iets te laten smelten voordat je het toevoegt.
13. Voeg 1 eetlepel kokosolie en 2 eetlepels kokosmeel toe en meng alles goed door elkaar.
14. Druk het mengsel met je vingers goed in de ovenschaal.
15. Koel het mengsel minstens een uur en haal het dan uit de ovenschaal. Het zou nu zijn vorm moeten behouden.
16. Snijd het mengsel in vierkantjes of in een vorm die je wilt en zet het nog een paar uur in de koelkast. Je kunt het overtollige mengsel gebruiken om meer vierkantjes te maken, maar ik heb het opgegeten.
17. Haal het uit de koelkast en eet ervan zoals je wilt!

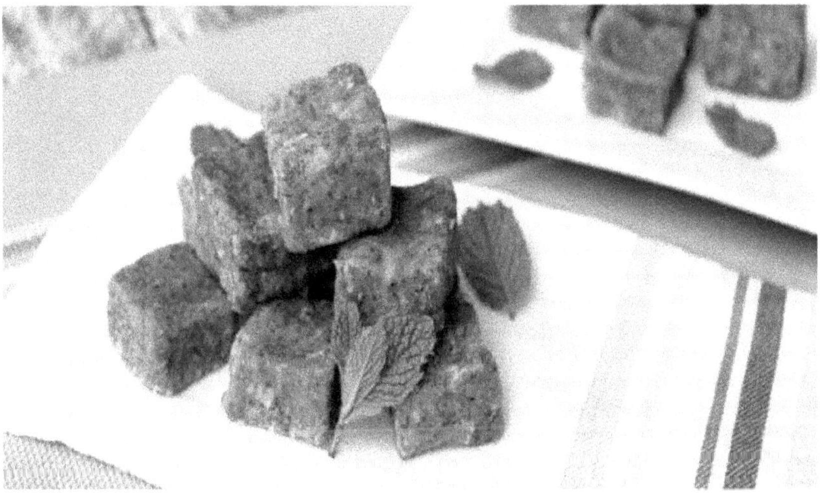

16. Chiazaad Nuggets

INGREDIËNTEN
- 2 eetlepels kokosolie
- 1/2 kopje Chiazaad, gemalen
- 3 oz. Geraspte Cheddar kaas
- 1 1/4 kopje ijswater
- 2 eetlepels Psyllium Husk-poeder
- 1/4 theelepel Xanthaangom
- 1/4 theelepel knoflookpoeder
- 1/4 theelepel uienpoeder
- 1/4 theelepel Oregano
- 1/4 theelepel paprika
- 1/4 theelepel zout
- 1/4 tl. Peper

ROUTEBESCHRIJVING

5. Verwarm de oven voor op 375F. Maal 1/2 kopje Chiazaad in een kruidenmolen. Je wilt een maaltijdachtige textuur.
6. Voeg gemalen Chia Zaden, 2 eetlepels. Psyllium Husk Poeder, 1/4 theelepel. Xanthaangom, 1/4 theelepel. Knoflookpoeder, 1/4 theelepel. Ui Poeder, 1/4 theelepel. Oregano, 1/4 theelepel. Paprika, 1/4 theelepel. Zout en 1/4 theelepel. Peper toe aan een kom. Meng dit goed door elkaar.
7. Voeg 2 eetlepels kokosolie toe aan de droge ingrediënten en meng het. Het moet de consistentie van nat zand krijgen.
8. Voeg 1 1/4 kopje ijskoud water toe aan de kom. Meng het heel goed. Het kan zijn dat je wat meer tijd nodig hebt om het te mengen, omdat de chiazaadjes en psyllium even de tijd nodig hebben om het water op te nemen. Blijf mengen tot er een stevig deeg is gevormd.
9. Rasp 85 gram Cheddar kaas en voeg deze toe aan de kom.

10. Kneed het deeg met je handen. Je wilt dat het relatief droog en niet plakkerig is tegen de tijd dat je klaar bent.
11. Leg het deeg op een bakplaat en laat het een paar minuten rusten.
12. Spreid of rol het deeg dun uit zodat het de hele silpat bedekt. Als je het dunner kunt krijgen, blijf dan rollen en bewaar het overtollige deeg voor een tweede keer koken.
13. Bak gedurende 30-35 minuten in de oven, tot het gaar is.
14. Haal ze uit de oven en snijd ze, terwijl ze nog warm zijn, in individuele crackers.
15. U kunt hiervoor de botte kant van een mes gebruiken (niet in de siliconen snijden) of een grote spatel.
16. Zet de crackers 5-7 minuten terug in de oven op de grillstand of tot de bovenkanten bruin en knapperig zijn. Haal ze uit de oven en leg ze op een rek om af te koelen. Naarmate ze afkoelen, worden ze knapperiger.
17. Serveer met je favoriete sausjes. Ik gebruik mijn Roasted Garlic Chipotle Aioli.

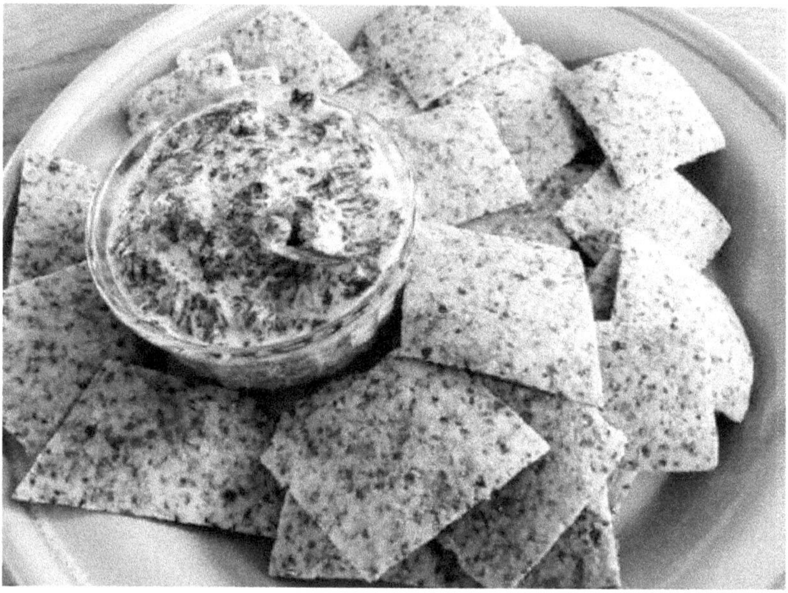

18. Chocolade Proteïne Notenrepen

Porties: 12 repen Bereidingstijd: 1 uur

Ingrediënten:

- 100% pure notenboter, 250 g
- Geroosterde wattlezaadjes, 1 ½ theelepel
- Magere yoghurt, 110 g
- 100% Wei-eiwitpoeder, 100 g
- Kaneel, 1 ½ theelepel
- Rauwe cacaonibs, 4 theelepels
- 85% pure chocolade, 100 g
- Puur vanille-extract, 1 eetlepel
- 100% Erwtenproteïnepoeder, 30 g

Methode:

e) Doe alle ingrediënten, behalve de chocolade, in de keukenmachine en mix tot een glad mengsel
f) Maak 12 repen van het mengsel en laat ze 30 minuten in de koelkast rusten.
g) Wanneer de repen stevig zijn, smelt u de chocolade in de magnetron en doopt u elke reep erin, zodat ze goed bedekt zijn.
h) Leg de gecoate repen op een bakplaat bekleed met bakpapier en laat ze opnieuw 30 minuten in de koelkast staan, of tot de chocolade stevig is.
i) Genieten.

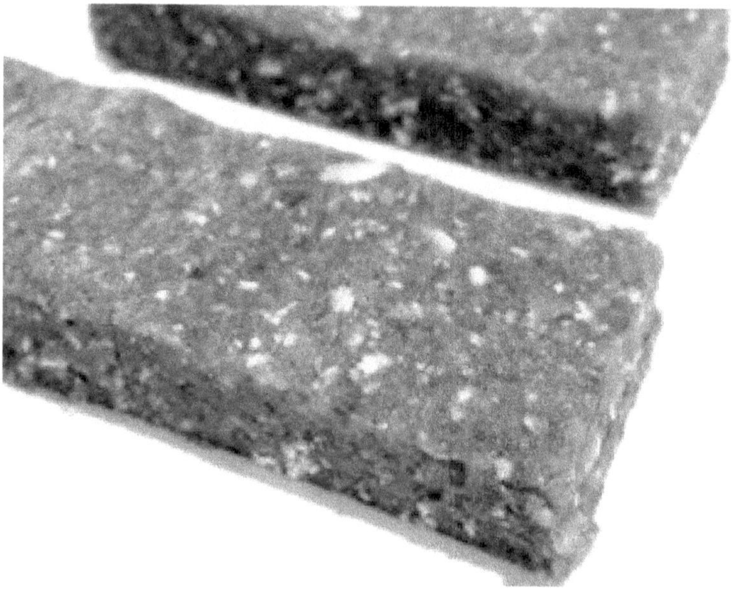

19. Duitse chocolade-eiwitrepen

Porties: 12 repen
Bereidingstijd: 2 uur 20 minuten

Ingrediënten:
- Havermout, 1 kopje
- Geraspte kokosnoot, ½ kopje + ¼ kopje, verdeeld
- Soja-eiwitpoeder, ½ kopje
- Pecannoten, ½ kopje + ¼ kopje, gehakt, verdeeld
- Water, tot ¼ kopje
- Cacaopoeder, ¼ kopje
- Vanille-extract, 1 theelepel
- Cacaonibs, 2 eetlepels
- Zout, ¼ theelepel
- Medjool dadels, 1 kopje, ontpit en 30 minuten geweekt

Methode:
i) Meng de havermout tot fijn meel, voeg vervolgens cacaopoeder en eiwitpoeder toe en meng opnieuw.
j) Ondertussen de dadels laten uitlekken en toevoegen aan de keukenmachine. Pulseer 30 seconden en voeg dan ½ kopje geraspte kokosnoot en ½ kopje pecannoten toe, gevolgd door zout en vanille.
k) Meng het geheel nogmaals en blijf beetje bij beetje water toevoegen tot er een deeg ontstaat.
l) Doe het deeg in een grote kom en voeg de resterende pecannoten en kokos toe, gevolgd door de cacaonibs.
m) Leg het deeg op bakpapier, bedek het met een ander stuk bakpapier en vorm er een dik vierkant van.
n) Laat het 2 uur in de koelkast staan, verwijder vervolgens het bakpapier en snijd het in 12 repen van de gewenste lengte.

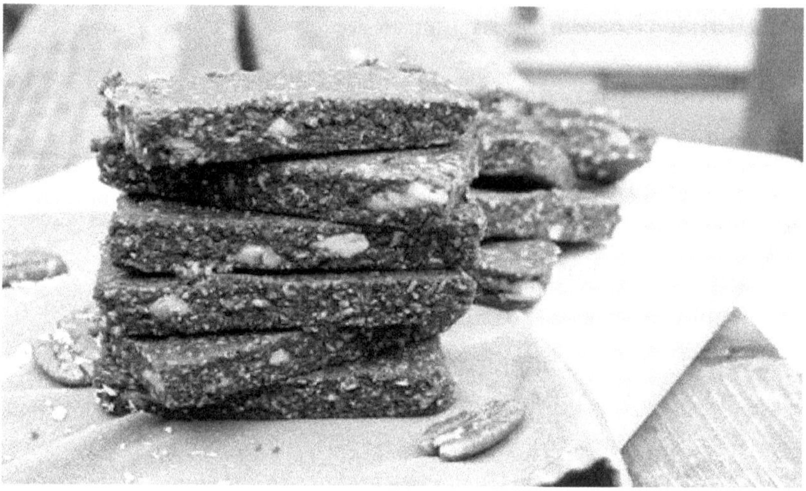

20. Blueberry Bliss Proteïne Repen

Ingrediënten:
- 100% pure, onbesmette havermoutvlokken, 1 + ½ kopje
- Pepitas, 1/3 kopje
- Hele amandelen, ¾ kopje
- Ongezoete appelmoes ¼ kopje
- Gedroogde bosbessen, ½ afgestreken kopje
- Zonnebloempitten, ¼ kopje
- Amandelboter, 1 kopje
- Ahornsiroop, 1/3 kopje
- Walnoten, 1/3 kopje
- Pistachenoten, ½ kopje
- Gemalen lijnzaad, 1/3 kopje

Methode:
p) Bekleed een bakplaat met bakpapier en zet deze apart.
q) Meng in een grote kom de havermout, amandelen, zonnebloempitten, gedroogde bessen, walnoten, pistachenoten, lijnzaad en pompoenpitten.
r) Besprenkel het geheel met appelmoes en ahornsiroop en meng het goed.
s) Voeg nu de boter toe en meng goed.
t) Doe het beslag in de pan en strijk het aan de bovenkant glad.
u) Zet het een uur in de vriezer. Als het mengsel helemaal is uitgehard, draai het dan om op het aanrecht.
v) Snijd het in de gewenste dikte en lengte in 16 repen.

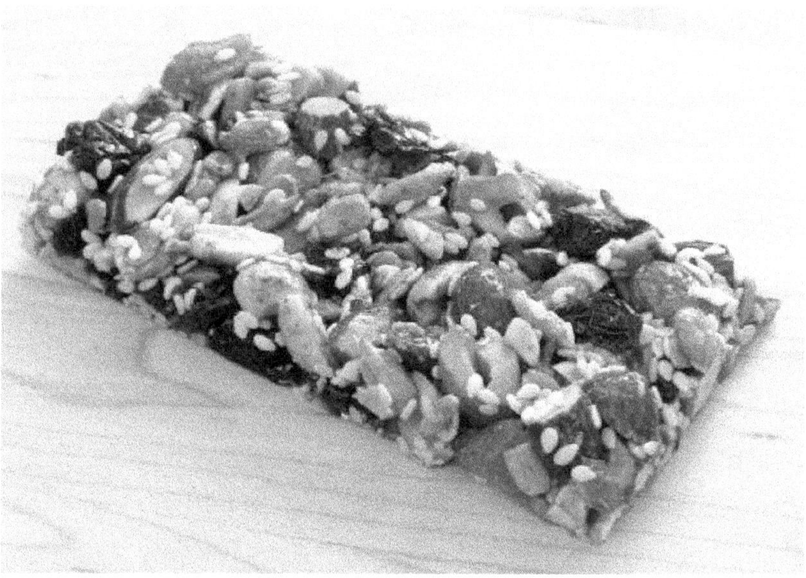

21. Chocolade Chip Pindakaas Proteïne Repen

Ingrediënten:
- Kokosmeel, ¼ kopje
- Vanillecrème stevia, 1 theelepel
- Pindameel, 6 eetlepels
- Vanille-extract, 1 theelepel
- Zout, ¼ theelepel
- Miniatuur chocolade chips, 1 eetlepel
- Kokosnootolie, 1 theelepel, gesmolten en licht afgekoeld
- Soja-eiwitisolaat, 6 eetlepels
- Ongezoete cashewnotenmelk, ½ kopje + 2 eetlepels

Methode:
h) Bekleed een cakevorm met bakpapier. Zet apart.
i) Meng beide meelsoorten met soja-eiwit en zout.
j) Roer in een andere kom kokosmelk met stevia, cashewnotenmelk en vanille. Giet dit mengsel geleidelijk in het bloemmengsel en klop goed tot het gemengd is.
k) Voeg nu de helft van de chocoladestukjes toe en spatel deze voorzichtig door het mengsel.
l) Giet het mengsel in de cakevorm en verdeel het gelijkmatig met een spatel.
m) Bestrooi met de resterende chocoladechips en zet 3 uur in de vriezer.
n) Snijd in de gewenste dikte en lengte.

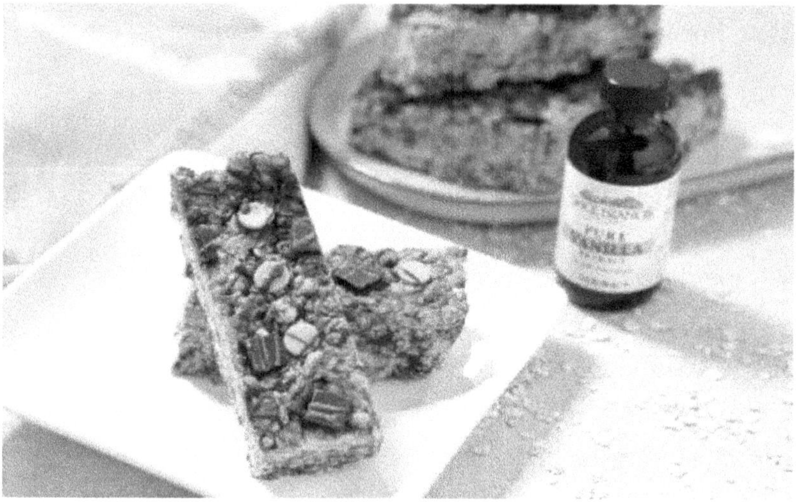

22. Rauwe Pompoen Hennepzaad Proteïne Repen

Ingrediënten:
- Medjool dadels, ½ kopje, ontpit
- Vanille-extract, ½ theelepel
- Pompoenpitten, ¼ kopje
- Zout, ¼ theelepel
- Kaneel, ½ theelepel
- Hennepzaadboter, ½ kopje
- Nootmuskaat, ¼ theelepel
- Water, ¼ kopje
- Rauwe havermout, 2 kopjes
- Chiazaad, 2 eetlepels

Methode:
g) Bekleed een bakplaat met bakpapier en zet deze apart. Week de dadels 30 minuten en pureer ze vervolgens tot een glad mengsel.
h) Doe het mengsel in een kom, voeg de hennepboter toe en meng goed.
i) Voeg nu de overige ingrediënten toe en spatel ze voorzichtig door elkaar, tot ze goed gemengd zijn.
j) Giet het mengsel in de pan en strijk het glad met een spatel.
k) Zet het 2 uur in de koelkast en snijd het daarna in 16 repen.

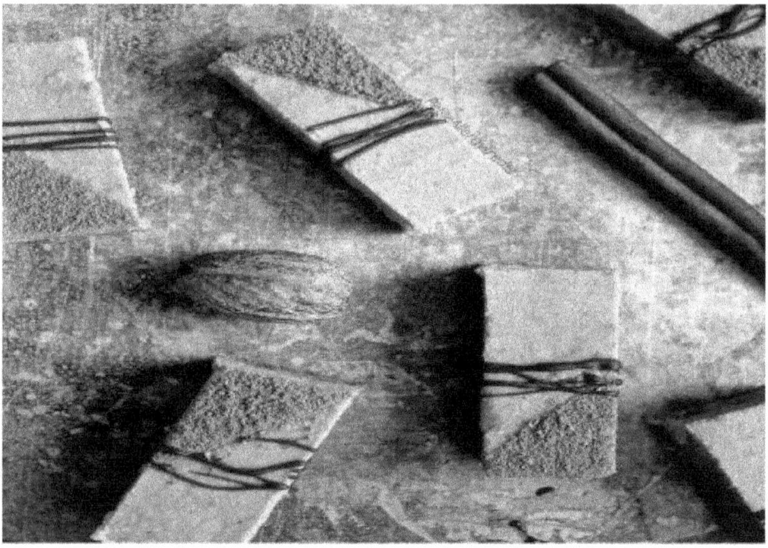

23. Gember Vanille Proteïne CrunchBars

Ingrediënten:
- Boter, 2 eetlepels
- Havermout, 1 kopje
- Rauwe amandelen, ½ kopje, gehakt
- Kokosmelk, ¼ kopje
- Geraspte kokosnoot, ¼ kopje
- Proteïnepoeder (Vanille), 2 maatscheppen
- Ahornsiroop, ¼ kopje
- Gekristalliseerde gember, ½ kopje, gehakt
- Cornflakes, 1 kopje, tot grove kruimels gestampt
Zonnebloempitten, ¼ kopje

Methode:
b) Smelt boter in een pan en voeg maple syrup toe. Roer goed.
c) Voeg melk toe, gevolgd door proteïnepoeder en roer goed om te mengen. Wanneer het mengsel verandert in een gladde consistentie, zet je het vuur uit.
d) Doe zonnebloempitten, amandelen, havermout, cornflakes en ¾ stukjes gember in een grote kom.
e) Giet het mengsel bij de droge ingrediënten en meng goed.
f) Doe het mengsel in een met bakpapier beklede cakevorm en verdeel het gelijkmatig.
g) Garneer met de rest van de gember en kokosnoot. Bak gedurende 20 minuten op 160°C. Laat afkoelen voordat u het aansnijdt.

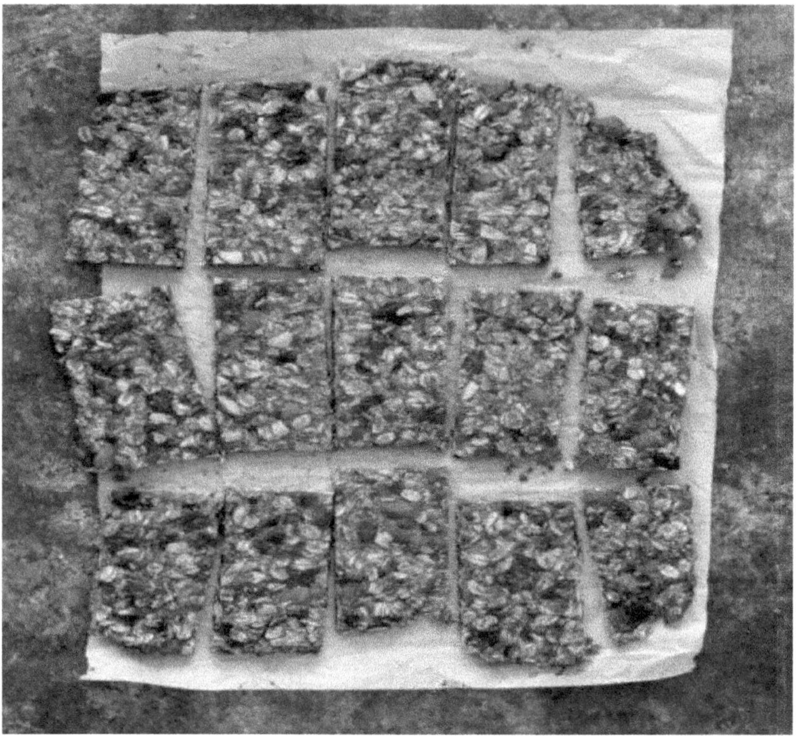

24. Pindakaas Pretzel Bars

Ingrediënten:
- Sojachips, 5 kopjes
- Water, ½ kopje
- Mini-pretzels, 6 stuks, grof gehakt
- Poederpindakaas, 6 eetlepels
- Pinda's, 2 eetlepels, grof gehakt
- Soja-eiwitpoeder, 6 eetlepels
- Pindakaaschips, 2 eetlepels, gehalveerd Agave, 6 eetlepels

Methode:
g) Spuit een bakplaat in met bakspray en zet deze apart.
h) Doe de sojachips in een keukenmachine en doe ze in een kom.
i) Voeg proteïnepoeder toe en meng.
j) Verhit een pan en voeg water, agave en poederboter toe. Roer terwijl u op middelhoog vuur kookt gedurende 5 minuten. Laat het mengsel een paar seconden koken en voeg dan het sojamengsel toe terwijl u constant roert.
k) Giet het mengsel in de pan en garneer het met pretzels, pinda's en pindakaaschips.
l) Koel tot het stevig is. Snijd in repen en geniet ervan.

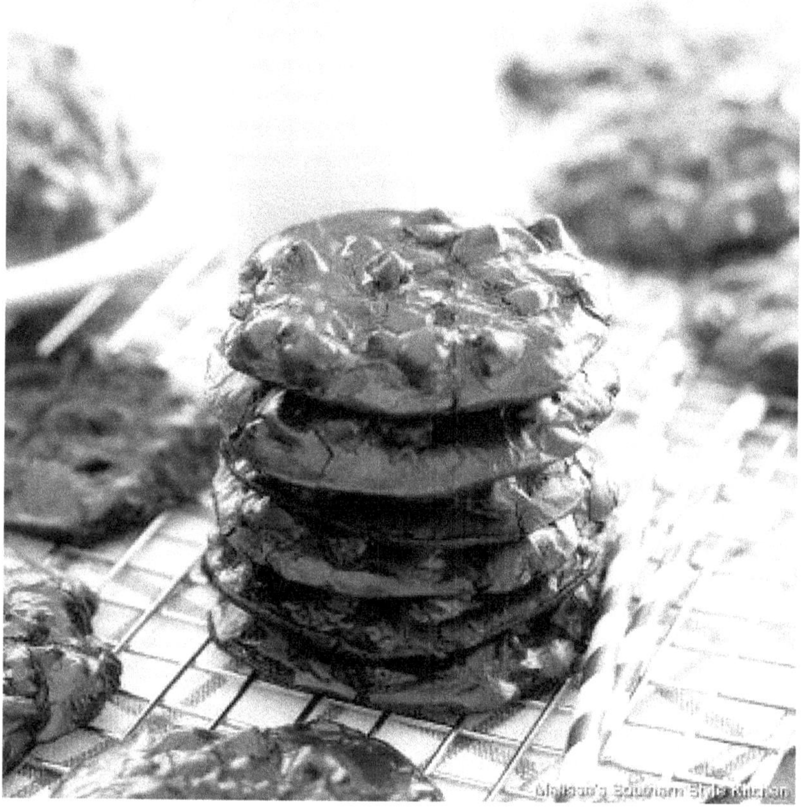
Melissa's Southern Style Kitchen

25. Cranberry Amandel Proteïnerepen

Ingrediënten :
- Geroosterde amandelen met zeezout, 2 kopjes
- Ongezoete kokosvlokken, ½ kopje
- Gepofte rijstpap, 2/3 kopjes
- Vanille-extract, 1 theelepel
- Gedroogde veenbessen, 2/3 kopjes
- Hennepzaad, 1 afgestreken eetlcpcl
- Bruine rijstsiroop, 1/3 kopje Honing, 2 eetlepels

Methode:
b) Combineer amandelen met cranberries, hennepzaad, rijstgraan en kokos. Zet apart.
c) Doe honing in een pan, gevolgd door vanille en rijstsiroop. Roer en kook 5 minuten.
d) Giet de saus over de droge ingrediënten en roer snel tot alles goed gemengd is.
e) Doe het mengsel op een bakplaat en verdeel het gelijkmatig.
f) 30 minuten in de koelkast zetten.
g) Zodra ze gaar zijn, snijdt u ze in repen van de gewenste grootte en eet ze op.

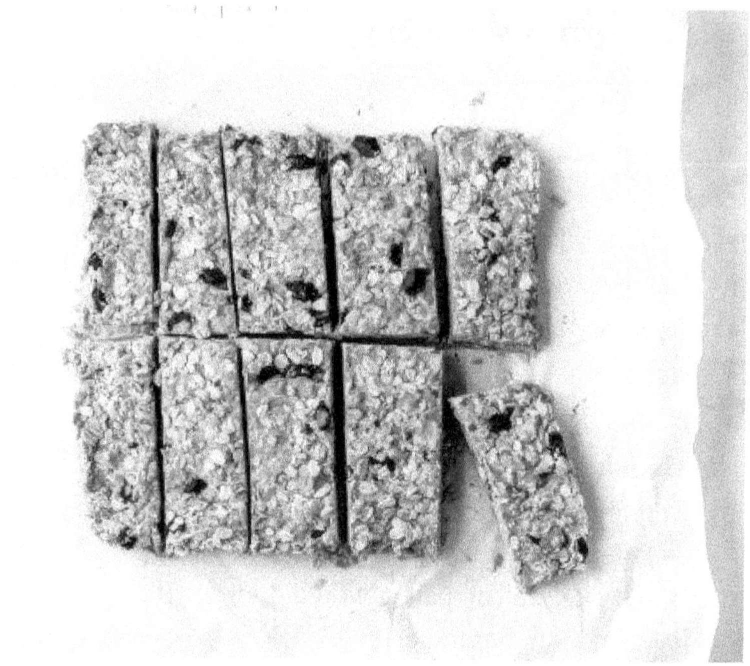

26. Triple Chocolade Proteïne CakeBars

Ingrediënten:

- Havermeel, 1 kopje
- Bakpoeder, ½ theelepel
- Amandelmelk, ¼ kopje
- Chocolade wei-eiwitpoeder, 1 maatschep
- Stevia bakmix, ¼ kopje
- Amandelmeel, ¼ kopje
- Donkere chocoladechips, 3 eetlepels
- Zout, ¼ theelepel
- Walnoten, 3 eetlepels, gehakt
- Ongezoete donkere cacaopoeder, 3 eetlepels
- Ongezoete appelmoes, 1/3 kopje
- Ei, 1
- Griekse yoghurt, ¼ kopje
- Vloeibaar eiwit, 2 eetlepels
- Vanille wei-eiwitpoeder, 1 maatschep

Methode:

f) Verwarm de oven voor op 175°C.
g) Vet een bakplaat in met bakspray en zet deze apart.
h) Meng in een grote kom beide soorten bloem met zout, bakpoeder, beide eiwitpoeders en donkere cacaopoeder. Zet apart.
i) Klop in een andere kom de eieren met de stevia en klop tot het goed gemengd is. Voeg vervolgens de overige natte ingrediënten toe en klop opnieuw.
j) Roer het natte mengsel geleidelijk door het droge mengsel en klop het geheel goed door elkaar.
k) Voeg de walnoten en chocoladestukjes toe en spatel ze voorzichtig door het mengsel.
l) Giet het mengsel in de pan en bak het gedurende 25 minuten.

m) Laat afkoelen voordat u het uit de pan haalt en in plakjes snijdt

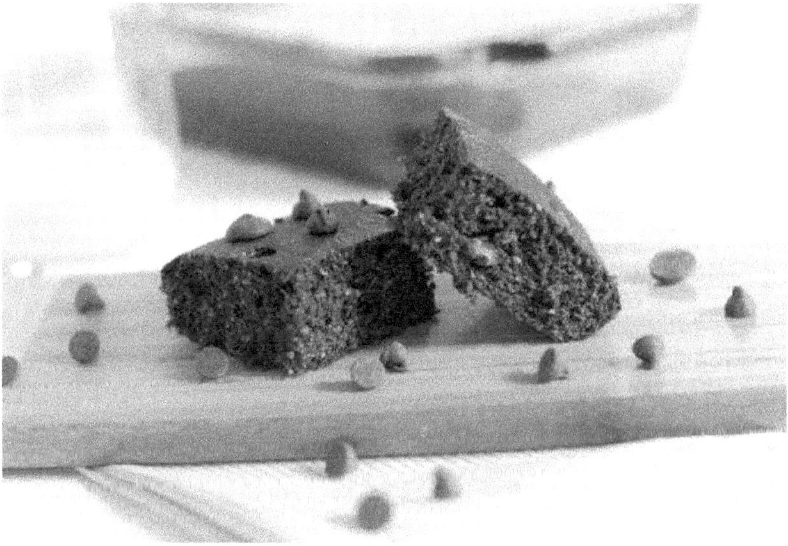

27. Frambozen-chocolade repen

Ingrediënten:
- Pindakaas of amandelpasta, ½ kopje
- Lijnzaad, ¼ kopje
- Blauwe agave, 1/3 kopje
- Chocolade-eiwitpoeder, ¼ kopje
- Frambozen, ½ kopje
- Instant havermout, 1 kopje

Methode:
d) Meng de pindakaas met de agave en laat het op laag vuur koken. Blijf voortdurend roeren.
e) Wanneer het mengsel een gladde textuur heeft, voeg het toe aan de haver, lijnzaad en proteïne. Meng goed.
f) Voeg de frambozen toe en roer voorzichtig.
g) Doe het beslag in de pan en zet het een uur in de vriezer.
h) Snijd de repen in 8 stukken als ze stevig zijn en geniet ervan.

28. Pindakaas koekjesdeeg repen

Ingrediënten:
- Havermout, ¼ kopje
- Pindakaas, 3 eetlepels
- Proteïnepoeder, ½ kopje
- Zout, een snufje
- Grote Medjool dadels, 10
- Rauwe cashewnoten, 1 kopje
- Ahornsiroop, 2 eetlepels Hele pinda's, voor garnering

Methode:
u) Maal de havermout in een keukenmachine tot fijn meel.
v) Voeg nu alle ingrediënten, behalve de hele pinda's, toe en mix tot een glad mengsel.
w) Proef en pas het eventueel aan.
x) Doe het mengsel in een cakevorm en strooi er hele pinda's overheen.
y) Zet 3 uur in de koelkast. Wanneer het mengsel stevig is, leg je het op het aanrecht en snijd je het in 8 repen van de gewenste lengte.

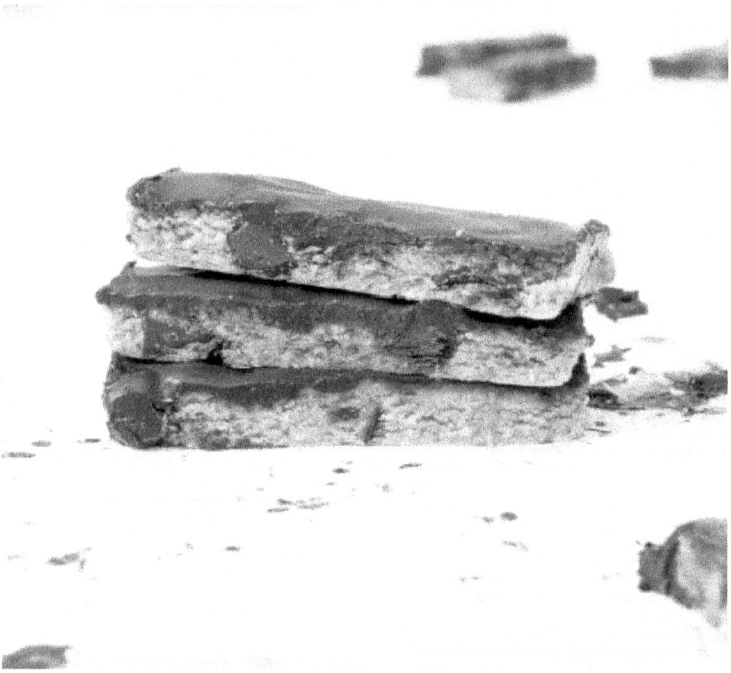

29. Muesli Proteïne Repen

Ingrediënten:

- Ongezoete amandelmelk, ½ kopje
- Honing, 3 eetlepels
- Quinoa, ¼ kopje, gekookt
- Chiazaad, 1 theelepel
- Bloem, 1 eetlepel
- Chocolade-eiwitpoeder, 2 maatscheppen
- Chocoladechips, ¼ kopje
- Kaneel, ½ theelepel
- Rijpe banaan, ½, gepureerd
- Amandelen, ¼ kopje, in plakjes gesneden
- Muesli, 1 ½ kopje, van uw favoriete merk

Methode:

j) Verwarm de oven voor op 175°C.
k) Meng de amandelmelk met de bananenpuree, chiazaadjes en honing in een middelgrote kom en zet het mengsel apart.
l) Doe de overige ingrediënten in een andere kom en meng goed.
m) Giet nu het amandelmelkmengsel over de droge ingrediënten en roer alles goed door.
n) Doe het beslag in een pan en bak het gedurende 20-25 minuten.
o) Laat het afkoelen voordat u het uit de pan haalt en aansnijdt.

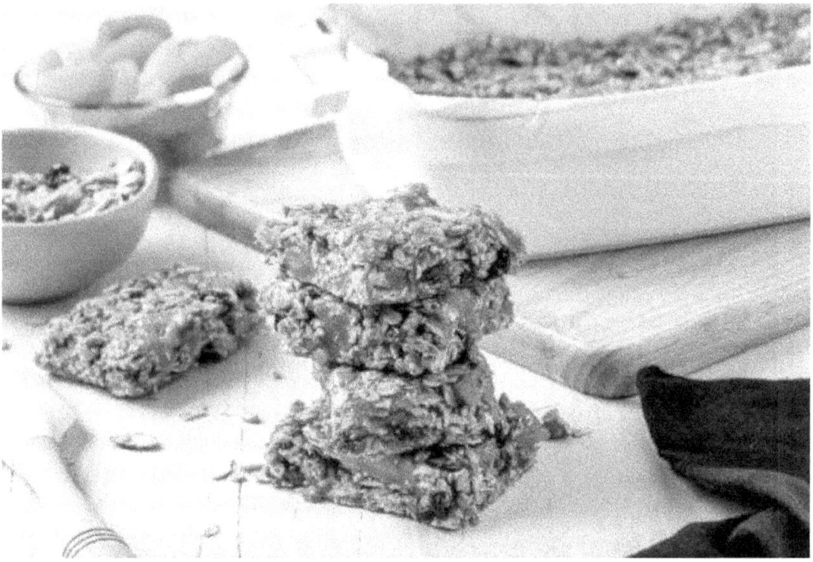

30. Worteltaart Proteïne Repen

Ingrediënten:
Voor de bars:
- Havermeel, 2 kopjes
- Zuivelvrije melk, 1 eetlepel
- Gemengde kruiden, 1 theelepel
- Vanille-eiwitpoeder, ½ kopje
- Wortelen, ½ kopje, gepureerd
- Kaneel, 1 eetlepel
- Kokosmeel, ½ kopje, gezeefd
- Bruine rijstsiroop, ½ kopje
- Gekorrelde zoetstof naar keuze, 2 eetlepels
- Amandelboter, ¼ kopje

Voor het glazuur:
- Vanille-eiwitpoeder, 1 maatschep
- Kokosmelk, 2-3 eetlepels
- Roomkaas, ¼ kopje

Methode:
f) Om proteïnerepen te bereiden, meng je bloem met gemengde kruiden, proteïnepoeder, kaneel en zoetstof.
g) Meng in een andere pan de boter met de vloeibare zoetstof en verwarm het mengsel een paar seconden in de magnetron tot het gesmolten is.
h) Doe dit mengsel in de kom met bloem en meng het goed.
i) Voeg nu de wortels toe en roer voorzichtig.
j) Voeg nu geleidelijk de melk toe en blijf voortdurend roeren tot de gewenste dikte is bereikt.
k) Doe het mengsel in een pan en laat het 30 minuten in de koelkast staan.
l) Maak ondertussen het glazuur klaar en meng de eiwitpoeder met de roomkaas.

m) Voeg geleidelijk de melk toe en roer goed tot de gewenste textuur ontstaat.
n) Wanneer het mengsel is opgesteven, snijdt u het in repen van de gewenste lengte en smeert u elke reep in met glazuur.

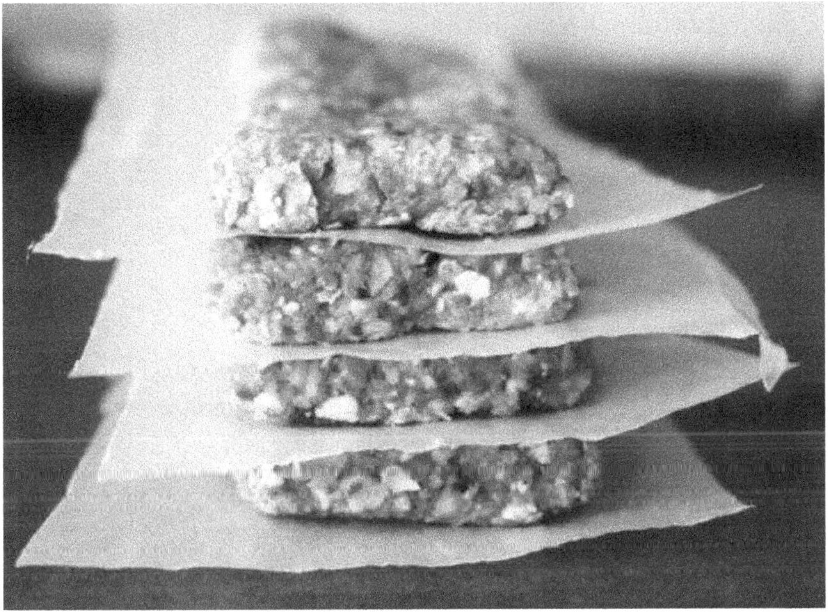

31. Sinaasappel- en Goji-bessenrepen

Ingrediënten:

- Vanille wei-eiwitpoeder, ½ kopje
- Sinaasappelschil, 1 eetlepel, geraspt
- Gemalen amandelen, ¾ kopje
- 85% pure chocolade, 40 g, gesmolten
- Kokosmelk, ¼ kopje
- Kokosmeel, ¼ kopje
- Chilipoeder, 1 theelepel
- Vanille-essence, 1 eetlepel
- Gojibessen, ¾ kopje

Methode:

g) Meng het eiwitpoeder met het kokosmeel in een kom.
h) Voeg de overige ingrediënten toe aan het bloemmengsel.
i) Roer de melk en meng goed.
j) Vorm repen van het beslag en leg ze op een bakplaat.
k) Smelt de chocolade en laat deze een paar minuten afkoelen. Doop vervolgens elke reep in de gesmolten chocolade en verdeel ze over de bakplaat.
l) Zet het in de koelkast tot de chocolade helemaal hard is.
m) Genieten.

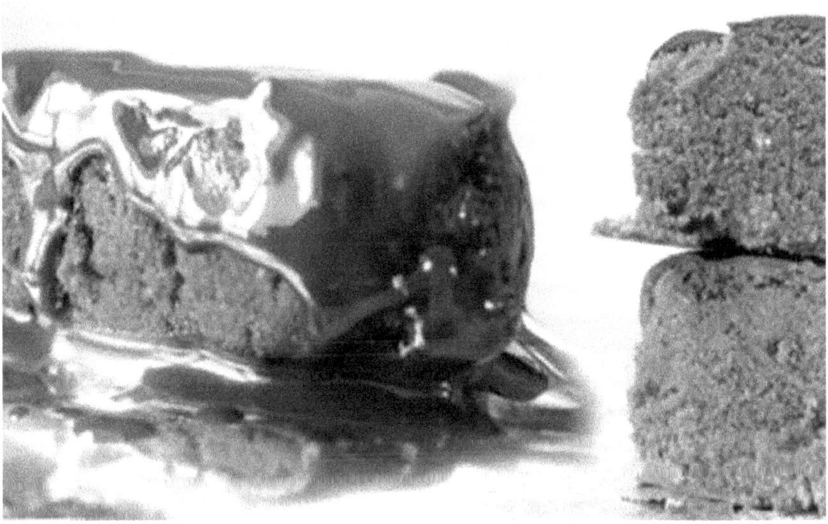

32. Aardbeien Ripe Proteïne Bar

Ingrediënten:
- Gevriesdroogde aardbeien, 60 g
- Vanille, ½ theelepel
- Ongezouten geraspte kokosnoot, 60 g
- Ongezoete amandelmelk, 60 ml
- Ongeparfumeerd wei-eiwitpoeder, 60 g Pure chocolade, 80 g

Methode:

j) Verwerk gedroogde aardbeien tot ze gemalen zijn en voeg dan wei, vanille en kokosnoot toe. Verwerk opnieuw tot er een fijn gemalen mengsel is gevormd.

k) Roer de melk door het mengsel en blijf mixen tot alles goed is opgenomen.

l) Bekleed een cakevorm met bakpapier en schep het mengsel erin.

m) Gebruik een spatel om het mengsel gelijkmatig te verdelen.

n) Zet het mengsel in de koelkast tot het is opgesteven.

o) Zet de pure chocolade 30 seconden in de magnetron. Roer goed tot het glad en volledig gesmolten is.

p) Laat de chocolade iets afkoelen en snijd ondertussen het aardbeienmengsel in acht repen van de gewenste dikte.

q) Dompel nu de reepjes één voor één in de chocolade en zorg dat ze goed bedekt zijn.

r) Leg de gecoate repen op een bakplaat. Zodra alle repen gecoat zijn, zet u ze in de koelkast tot de chocolade hard en stevig is.

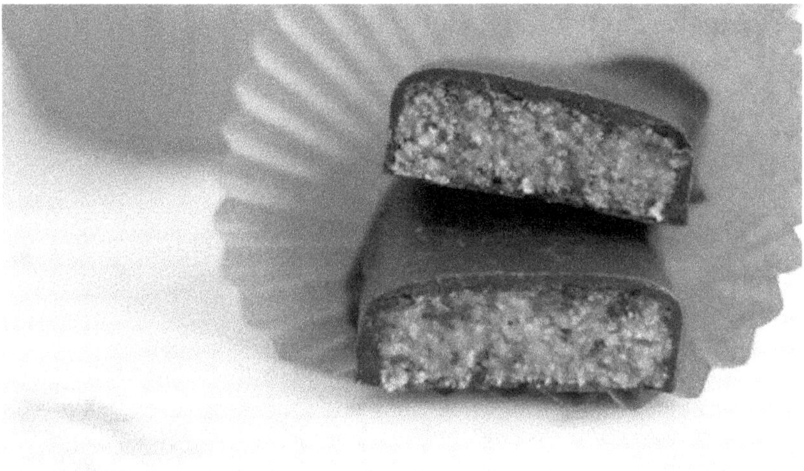

33. Mokka Proteïne Repen

Ingrediënten:
- Amandelmeel, 30 g
- Kokosmeel, 30 g
- Espresso, 60 g, vers gezet en gekoeld
- Ongeparfumeerde wei-eiwitisolaat, 60 g
- Kokosnootsuiker, 20 g
- Ongezoete cacaopoeder, 14 g
- Pure chocolade met 70%-85% cacaobestanddelen, 48 g

Methode:
d) Meng alle droge ingrediënten door elkaar.
e) Roer de espresso goed door en klop tot er geen klontjes meer zijn.
f) Het mengsel zal nu een gladde bal vormen.
g) Verdeel het in zes stukken van gelijke grootte en vorm elk stuk tot een reep. Leg de repen op een vel en dek het af met plastic. Zet het een uur in de koelkast.
h) Zodra de repen hard zijn, doe je de pure chocolade in de magnetron en roer je tot de chocolade gesmolten is.
i) Bedek elke reep met gesmolten chocolade en leg ze op een met bakpapier beklede bakplaat.
j) Giet de resterende chocolade er in een draaibeweging overheen en zet het opnieuw in de koelkast tot de chocolade stevig is.

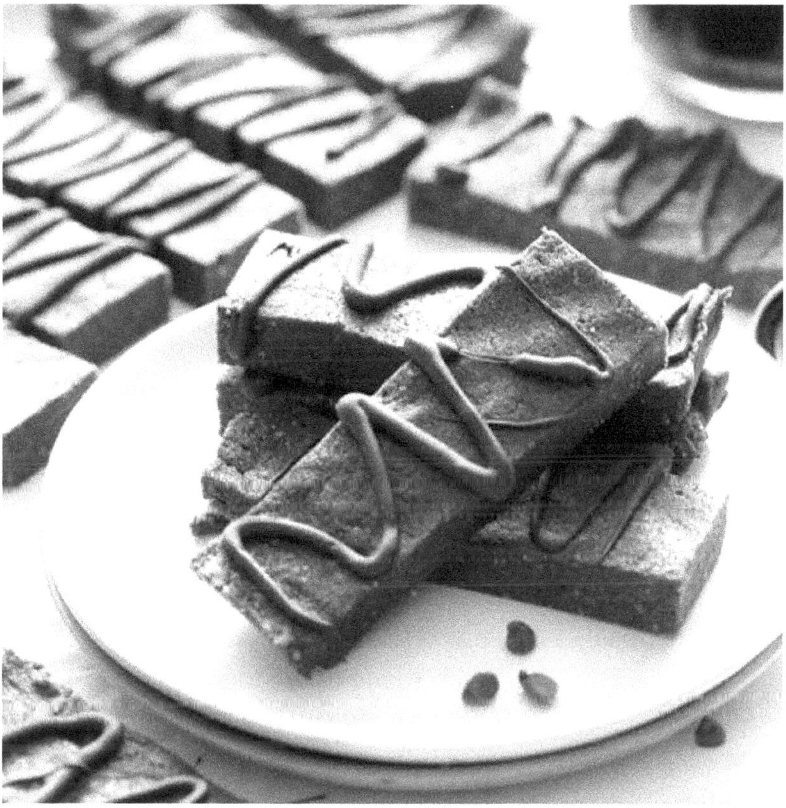

34. Bananen Chocolade Proteïne Repen

Ingrediënten:
- Gevriesdroogde banaan, 40g
- Amandelmelk, 30 ml
- Bananen-eiwitpoederisolaat, 70 g
- 100% pindakaas, 25 g
- Glutenvrije havermoutvlokken, 30 g
- 100% chocolade, 40 g
- Zoetstof, naar smaak

Methode:

f) Banaan in keukenmachine malen. Voeg nu eiwitpoeder en havermout toe, maal opnieuw tot fijn gemalen.

g) Roer de overige ingrediënten, behalve de chocolade, erdoor en mix nogmaals tot een glad geheel.

h) Doe het mengsel in een beklede cakevorm en dek af met plastic. Zet in de koelkast tot het stevig is.

i) Wanneer de repen klaar zijn, snijdt u ze in vier repen.

j) Smelt nu chocolade in de magnetron en laat het iets afkoelen voordat je elke bananenreep erin doopt. Bedek de repen goed en zet ze weer in de koelkast tot de chocolade stevig is.

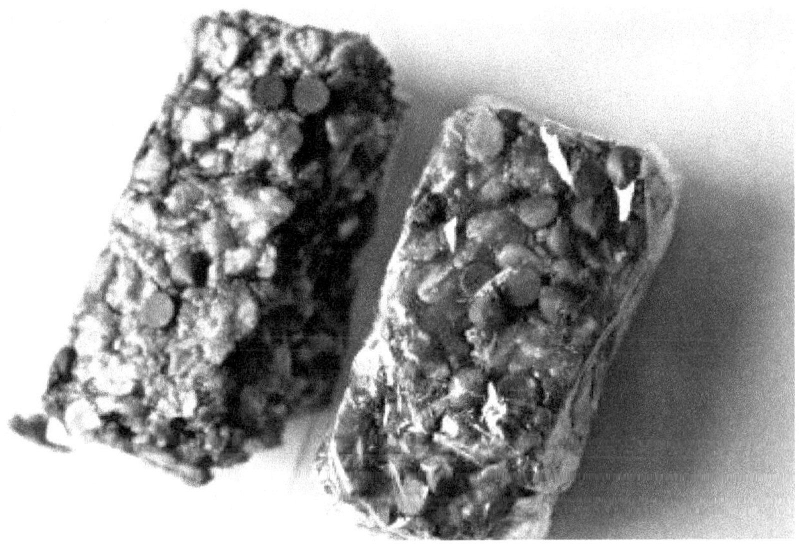

35. Hemelse rauwe repen

Ingrediënten:
- Kokosmelk, 2 eetlepels
- Ongezoete cacaopoeder, indien nodig
- Proteïnepoeder, 1 ½ maatschep
- Lijnzaadmeel, 1 eetlepel

Methode:
a) Meng alle ingrediënten door elkaar.
b) Vet een bakvorm in met bakspray en giet het beslag erin.
c) Laat het mengsel op kamertemperatuur staan tot het stevig is.

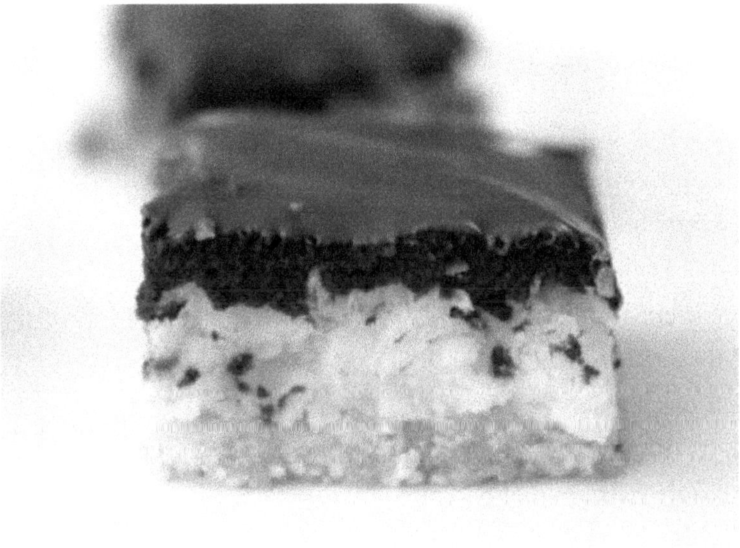

36. Monsterrepen

- 1/2 kopje boter, zacht
- 1 kopje bruine suiker, verpakt
- 1 kopje suiker
- 1-1/2 kopje romige pindakaas
- 3 eieren, losgeklopt
- 2 tl vanille-extract
- 2 tl bakpoeder
- 4-1/2 kopjes snelkokende havermout, ongekookt
- 1 kopje halfzoete chocoladechips
- 1 kopje chocolade met een laagje snoep

g) Meng in een grote kom alle ingrediënten in de aangegeven volgorde. Verdeel het deeg in een ingevette 15"x10" jelly-roll pan.
h) Bak het 15 minuten op 175 graden Celsius, of tot het licht goudbruin is.
i) Afkoelen en in repen snijden. Voor ongeveer 1-1/2 dozijn.

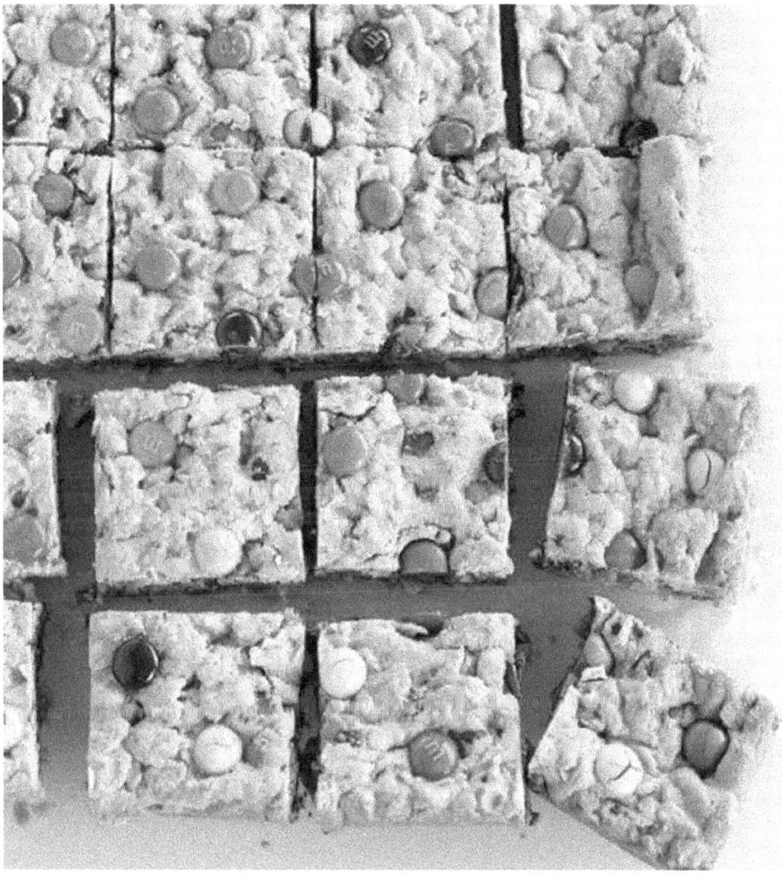

37. Blauwe bessen crumble repen

- 1-1/2 kopje suiker, verdeeld
- 3 kopjes bloem voor alle doeleinden
- 1 tl bakpoeder
- 1/4 tl zout
- 1/8 tl kaneel
- 1 kopje bakvet
- 1 ei, losgeklopt
- 1 eetlepel maizena
- 4 kopjes bosbessen

a) Meng een kopje suiker, bloem, bakpoeder, zout en kaneel.
b) Gebruik een deegsnijder of vork om het bakvet en het ei erdoor te snijden; het deeg zal kruimelig zijn.
c) Druk de helft van het deeg in een ingevette bakvorm van 33x23 cm en zet het opzij.
d) Meng in een aparte kom de maïzena met de resterende suiker en spatel er voorzichtig de bessen doorheen.
e) Verdeel het bosbessenmengsel gelijkmatig over het deeg in de pan.
f) Verkruimel het resterende deeg erover. Bak op 375 graden gedurende 45 minuten, of tot de bovenkant licht goudbruin is. Laat volledig afkoelen voordat u het in vierkantjes snijdt. Voor één dozijn.

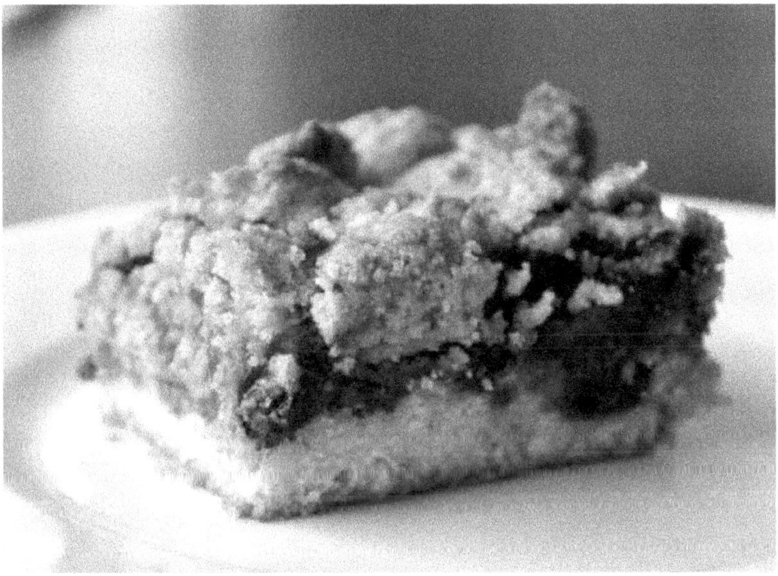

38. Gumdrop-repen

- 1/2 kopje boter, gesmolten
- 1/2 tl bakpoeder
- 1-1/2 kopje bruine suiker, verpakt
- 1/2 tl zout
- 2 eieren, losgeklopt
- 1/2 kopje gehakte noten
- 1-1/2 kopje bloem voor alle doeleinden
- 1 kopje gumdrops, fijngehakt
- 1 tl vanille-extract
- Garnering: poedersuiker

f) Meng in een grote kom alle ingrediënten, behalve de poedersuiker.

g) Verdeel het deeg in een ingevette en met bloem bestoven bakvorm van 13"x9". Bak op 350 graden gedurende 25 tot 30 minuten, tot het goudbruin is.

h) Bestrooi met poedersuiker. Laat afkoelen; snijd in repen. Voor 2 dozijn.

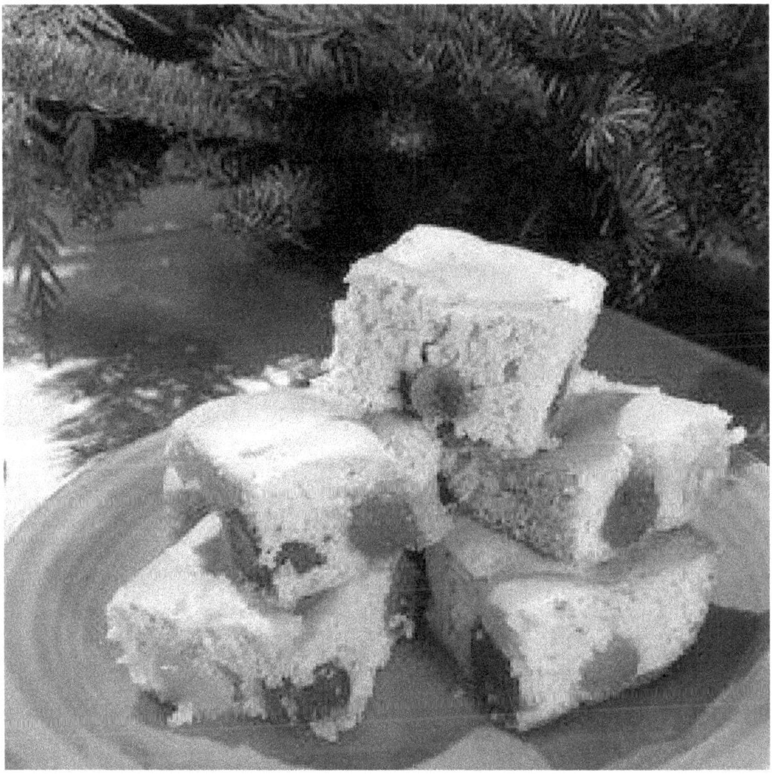

39. Gezouten Noten Roll Bars

- 18-1/2 oz. verpakking gele cake mix
- 3/4 kopje boter, gesmolten en verdeeld
- 1 ei, losgeklopt
- 3 kopjes mini-marshmallows
- 10-oz. verpakking pindakaaschips
- 1/2 kopje lichte maïstroop
- 1 tl vanille-extract
- 2 kopjes gezouten pinda's
- 2 kopjes knapperige rijstkorrels

b) Meng in een kom droge cake mix, 1/4 kopje boter en ei; druk het deeg in een ingevette 13"x9" bakvorm. Bak op 350 graden gedurende 10 tot 12 minuten.

c) Strooi marshmallows over de gebakken korst; zet terug in de oven en bak nog 3 minuten, of tot de marshmallows gesmolten zijn. Smelt in een pan op middelhoog vuur de pindakaaschips, glucosestroop, resterende boter en vanille.

d) Roer de noten en ontbijtgranen erdoor. Smeer het pindakaasmengsel over de marshmallowlaag. Laat afkoelen tot het stevig is; snijd in vierkantjes. Voor 2-1/2 dozijn.

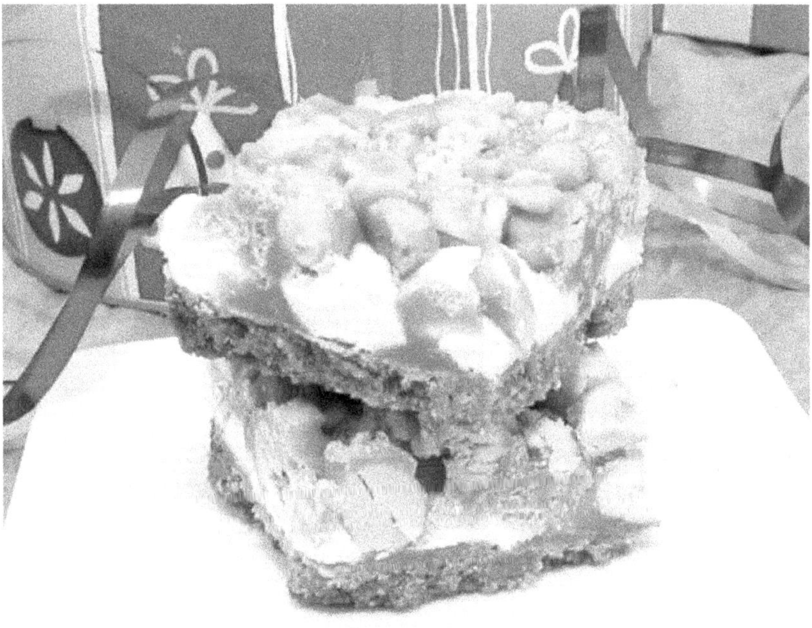

40. Zwarte Woud Kersenrepen

- 3 blikken van 21 oz. kersenvulling, verdeeld
- 18-1/2 oz. verpakking chocoladecake mix
- 1/4 kopje olie
- 3 eieren, losgeklopt
- 1/4 kopje kersenbrandewijn of kersensap
- 6-oz. verpakking halfzoete chocoladechips
- Optioneel: slagroom

f) Zet 2 blikken taartvulling in de koelkast tot ze koud zijn. Gebruik een elektrische mixer op lage snelheid en klop de rest van de blik taartvulling, droge cakemix, olie, eieren en brandewijn of kersensap tot ze goed gemengd zijn.
g) Roer de chocoladestukjes erdoor.
h) Giet het beslag in een licht ingevette bakvorm van 13"x9". Bak op 350 graden gedurende 25 tot 30 minuten, tot een tandenstoker schoon is; laat afkoelen. Verdeel de gekoelde taartvulling gelijkmatig over de bovenkant voordat u het serveert.
i) Snijd in repen en serveer met slagroom, indien gewenst. Voor 10 tot 12 personen.

41. Cranberry Popcornrepen

- 3-oz. verpakking magnetron popcorn, gepoft
- 3/4 kopje witte chocoladechips
- 3/4 kopje gezoete gedroogde veenbessen
- 1/2 kopje gezoete kokosvlokken
- 1/2 kopje grofgehakte amandelen
- 10-oz. verpakking marshmallows
- 3 eetlepels boter

j) Bekleed een bakvorm van 13"x9" met aluminiumfolie; spray met antiaanbakspray en zet opzij. Meng in een grote kom popcorn, chocoladechips, cranberries, kokos en amandelen; zet opzij. Roer in een steelpan op middelhoog vuur de marshmallows en boter tot ze gesmolten en glad zijn.
k) Giet het over het popcornmengsel en meng het tot het volledig bedekt is. Giet het vervolgens snel in de pan.
l) Leg een vel bakpapier erop; druk stevig aan. Laat 30 minuten afkoelen, of tot het stevig is. Haal de repen uit de pan, gebruik de folie als handvaten; trek de folie en het bakpapier eraf. Snijd in repen; laat nog eens 30 minuten afkoelen. Voor 16 stuks.

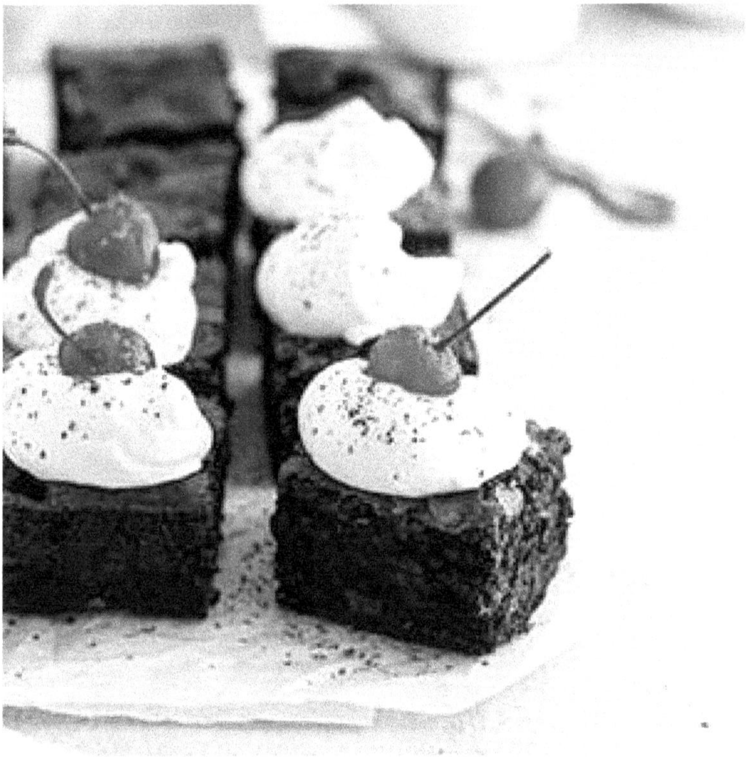

42. Hallo Dolly Bars

- 1/2 kopje margarine
- 1 kopje graham cracker kruimels
- 1 kopje gezoete kokosvlokken
- 6-oz. verpakking halfzoete chocoladechips
- 6-oz. verpakking butterscotch chips
- blikje gezoete gecondenseerde melk van 400 ml
- 1 kopje gehakte pecannoten

e) Meng margarine en graham cracker kruimels; druk in een licht ingevette 9"x9" bakvorm. Bedek met kokos, chocolade chips en butterscotch chips.

f) Giet er gecondenseerde melk overheen; bestrooi met pecannoten. Bak op 350 graden gedurende 25 tot 30 minuten. Laat afkoelen; snijd in repen. Voor 12 tot 16 stuks.

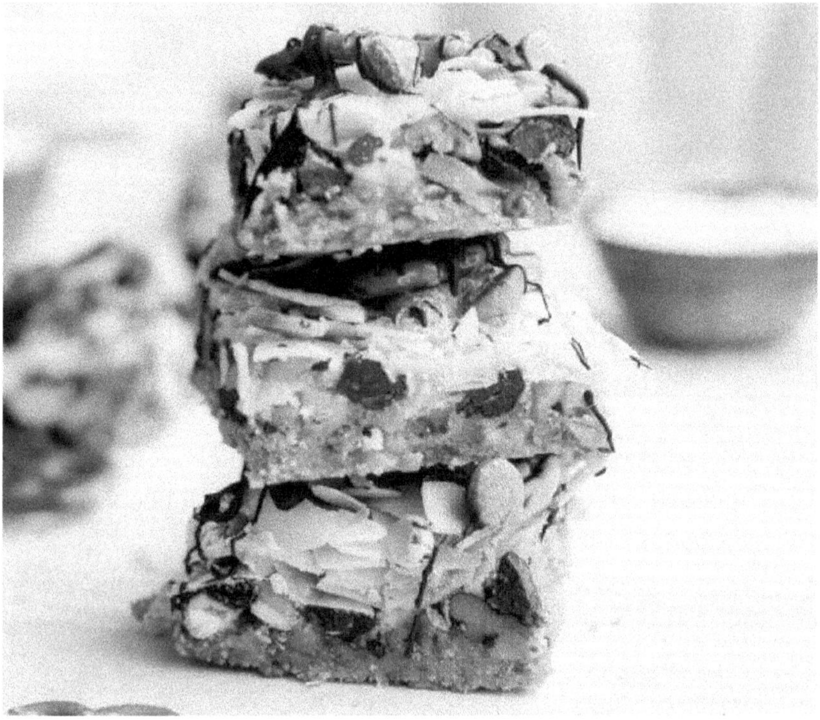

43. Ierse roomrepen

- 1/2 kopje boter, zacht
- 3/4 kopje plus 1 eetlepel bloem voor alle doeleinden, verdeeld
- 1/4 kopje poedersuiker
- 2 eetlepels bakcacao
- 3/4 kopje zure room
- 1/2 kopje suiker
- 1/3 kopje Ierse roomlikeur
- 1 ei, losgeklopt
- 1 tl vanille-extract
- 1/2 kopje slagroom
- Optioneel: chocolade hagelslag

e) Meng in een kom de boter, 3/4 kopje bloem, poedersuiker en cacao tot er een zacht deeg ontstaat.
f) Druk het deeg in een niet ingevette 8"x8" bakvorm. Bak op 350 graden gedurende 10 minuten.
g) Meng ondertussen in een aparte kom de resterende bloem, zure room, suiker, likeur, ei en vanille.
h) Meng goed; giet over de gebakken laag. Zet terug in de oven en bak nog eens 15 tot 20 minuten, tot de vulling is gestold.
i) Laat iets afkoelen; zet het minstens 2 uur in de koelkast voordat u het in repen snijdt. Klop in een kleine kom, met een elektrische mixer op hoge snelheid, de slagroom tot er stijve pieken ontstaan.
j) Serveer de repen met toefjes slagroom en eventueel wat hagelslag.
k) Koel bewaren. Voor 24 stuks.

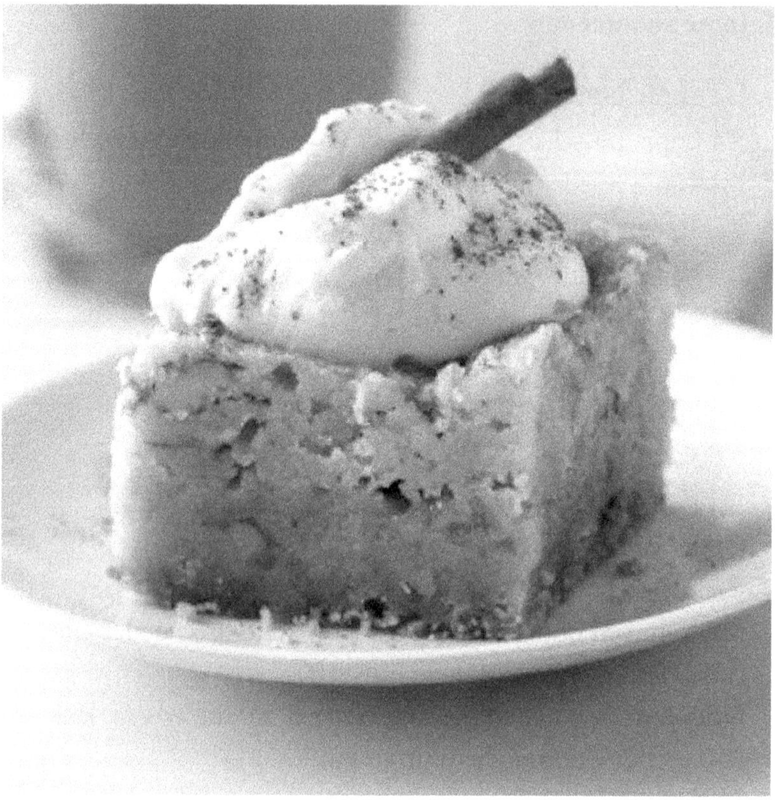

44. Bananen Swirl Bars

- 1/2 kopje boter, zacht
- 1 kopje suiker
- 1 ei
- 1 tl vanille-extract
- 1-1/2 kopje bananen, gepureerd
- 1-1/2 kopje bloem voor alle doeleinden
- 1 tl bakpoeder
- 1 tl bakpoeder
- 1/2 tl zout
- 1/4 kopje bakcacao

e) Klop in een kom boter en suiker door elkaar; voeg ei en vanille toe. Meng goed; roer bananen erdoor. Zet apart. Meng in een aparte kom bloem, bakpoeder, zuiveringszout en zout; meng tot botermengsel. Verdeel het beslag in tweeën; voeg cacao toe aan de ene helft.

f) Giet gewoon beslag in een ingevette 13"x9" bakvorm; schep chocoladebeslag erop. Draai met een tafelmes; bak op 350 graden gedurende 25 minuten.

g) Koel; snijd in repen. Voor 2-1/2 tot 3 dozijn.

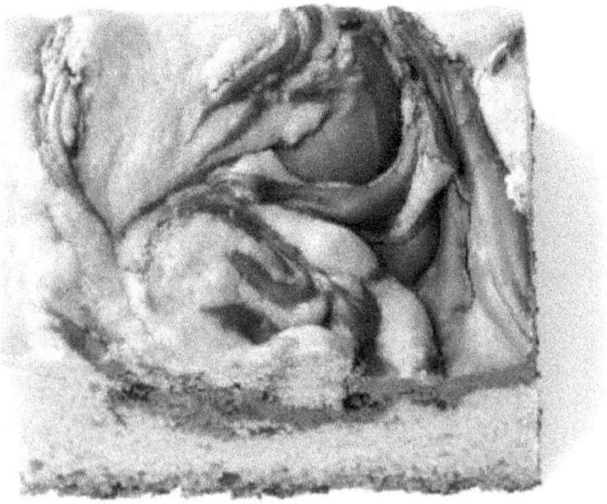

45. Pompoen Cheesecake Bars

- 16-oz. verpakking pond cake mix
- 3 eieren, verdeeld
- 2 eetlepels margarine, gesmolten en licht afgekoeld
- 4 tl. pompoentaartkruiden, verdeeld
- 8-oz. verpakking roomkaas, zacht
- blikje gezoete gecondenseerde melk van 400 ml
- blik pompoen van 425 gram
- 1/2 tl zout

e) Meng in een grote kom droge cake mix, één ei, margarine en 2 theelepels pompoentaartkruiden; meng tot het kruimelig is. Druk het deeg in een ingevette 15"x10" jelly-roll pan. Klop in een aparte kom roomkaas tot het luchtig is.

f) Klop er gecondenseerde melk, pompoen, zout en resterende eieren en kruiden door. Meng goed; smeer over de korst. Bak op 350 graden gedurende 30 tot 40 minuten. Laat afkoelen; zet in de koelkast voordat u in repen snijdt. Voor 2 dozijn.

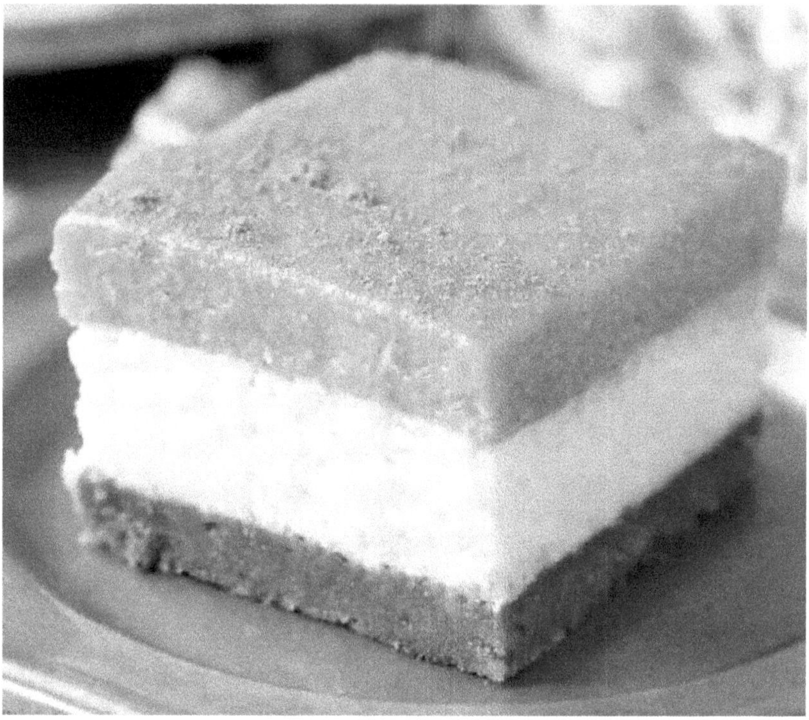

46. Granola-repen

Ingrediënten:
- Pompoenpitten, ½ kopje
- Honing, ¼ kopje
- Hennepzaden. 2 eetlepels
- Kokosmeel, ½ kopje
- Kaneel, 2 theelepels
- Artisjokpoeder, 1 eetlepel
- Vanille-eiwitpoeder, ¼ kopje
- Kokosboter, 2 eetlepels
- Gojibessen, 1/3 kopje
- Pistachenoten, ½ kopje, gehakt
- Zout, een snufje
- Kokosnootolie, 1/3 kopje
- Hennepmelk, 1/3 kopje
- Vanilleboon, 1
- Chiazaad, 2 eetlepels Kokosvlokken, 1/3 kopje

Methode:
k) Meng alle ingrediënten en verdeel ze gelijkmatig over een terrinevorm.
l) Een uur in de koelkast zetten.
m) Zodra het mengsel stevig is, snijdt u het in repen van de gewenste lengte en kunt u ervan genieten.

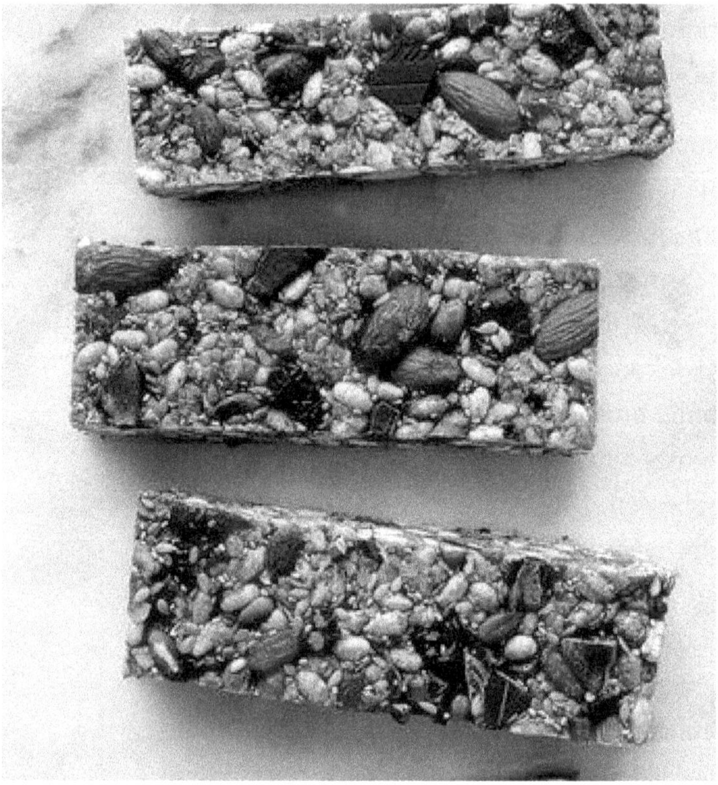

47. Pompoen Havermout AnytimeSquares

Ingrediënten:

- Lijnzaadei, 1 (1 eetlepel gemalen lijnzaad gemengd met 3 eetlepels water)
- Glutenvrije havermoutvlokken, ¾ kopje
- Kaneel, 1 ½ theelepel
- Pecannoot, ½ kopje, gehalveerd
- Gemalen gember, ½ theelepel
- Kokosnootbloesemsuiker, ¾ kopje
- Arrowrootpocdcr, 1 eetlepel
- Gemalen nootmuskaat, 1/8 theelepel
- Puur vanille-extract, 1 theelepel
- Roze Himalaya zeezout, ½ theelepel
- Ongezouten pompoenpuree uit blik, ½ kopje
- Amandelmeel, ¾ kopje
- Havermoutmeel, ¾ kopje
- Mini niet-zuivel chocolade chips, 2 eetlepels
- Bakpoeder, ½ theelepel

Methode:

e) Verwarm de oven voor op 175°C.
f) Bekleed een vierkante pan met bakpapier en zet deze apart.
g) Meng het lijnzaadei in een mok en laat het 5 minuten staan.
h) Klop de puree met suiker en voeg lijnzaadei en vanille toe. Klop opnieuw tot het gemengd is.
i) Voeg nu de baking soda toe, gevolgd door kaneel, nootmuskaat, gember en zout. Klop goed.
j) Voeg als laatste de bloem, haver, arrowroot, pecannoten en amandelmeel toe en klop tot alles goed gemengd is.
k) Giet het beslag in de pan en garneer met chocoladestukjes.
l) Bak gedurende 15-19 minuten.

m) Laat het volledig afkoelen voordat u het uit de pan haalt en aansnijdt.

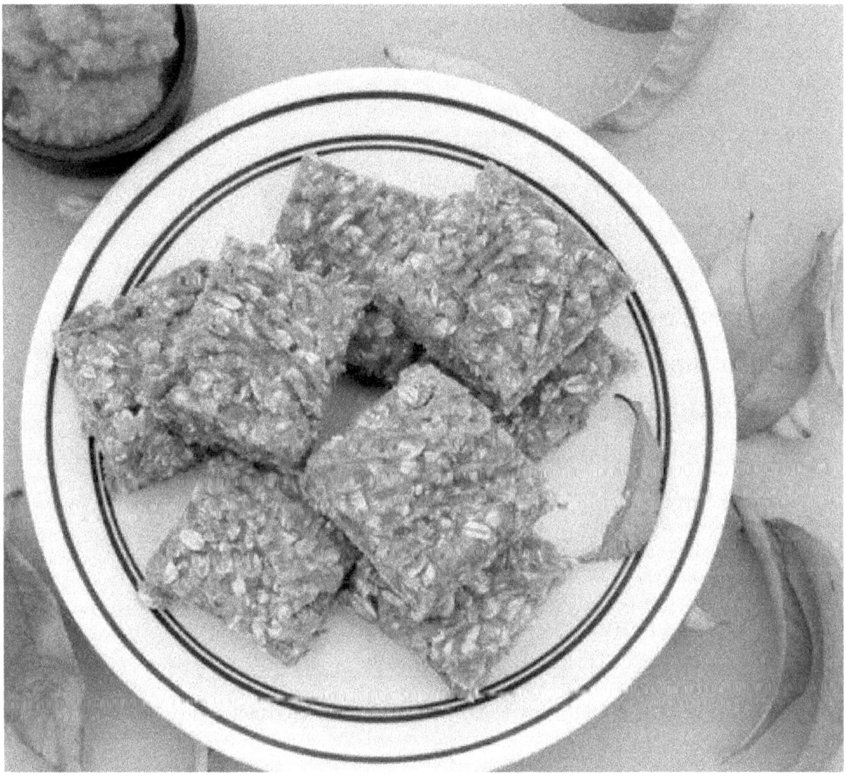

48. Red Velvet Pompoenrepen

Ingrediënten:

- Kleine gekookte bieten, 2
- Kokosmeel, ¼ kopje
- Biologische pompoenpittenboter, 1 eetlepel
- Kokosmelk, ¼ kopje
- Vanillewei, ½ kopje
- 85% pure chocolade, gesmolten

Methode:

g) Meng alle droge ingrediënten, behalve de chocolade, door elkaar.
h) Roer de melk door de droge ingrediënten en bind het geheel goed.
i) Vorm er middelgrote repen van.
j) Smelt chocolade in de magnetron en laat het een paar seconden afkoelen. Doop nu elke reep in gesmolten chocolade en bedek goed.
k) Zet het in de koelkast tot de chocolade hard en stevig is.
l) Genieten.

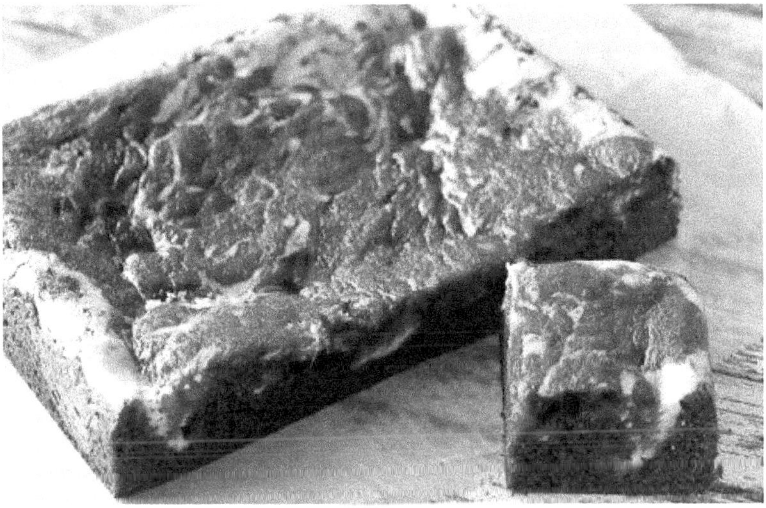

49. Sneeuwachtige citroenrepen

- 3 eieren, verdeeld
- 1/3 kopje boter, gesmolten en licht afgekoeld
- 1 eetlepel citroenschil
- 3 eetlepels citroensap
- 18-1/2 oz. verpakking witte cake mix
- 1 kopje gehakte amandelen
- 8-oz. verpakking roomkaas, zacht
- 3 kopjes poedersuiker
- Garnering: extra poedersuiker

h) Meng in een grote kom een ei, boter, citroenschil en citroensap. Roer de droge cake mix en amandelen erdoor en meng goed. Druk het deeg in een ingevette 13"x9" bakvorm. Bak op 350 graden gedurende 15 minuten, of tot het goudbruin is. Klop ondertussen in een aparte kom de roomkaas tot het licht en luchtig is; meng er geleidelijk de poedersuiker door. Voeg de resterende eieren toe, één voor één, en meng goed na elk ei.

i) Haal de pan uit de oven; smeer het roomkaasmengsel over de hete korst. Bak nog 15 tot 20 minuten, tot het midden is gestold; laat afkoelen. Bestrooi met poedersuiker voordat u het in repen snijdt. Voor 2 dozijn.

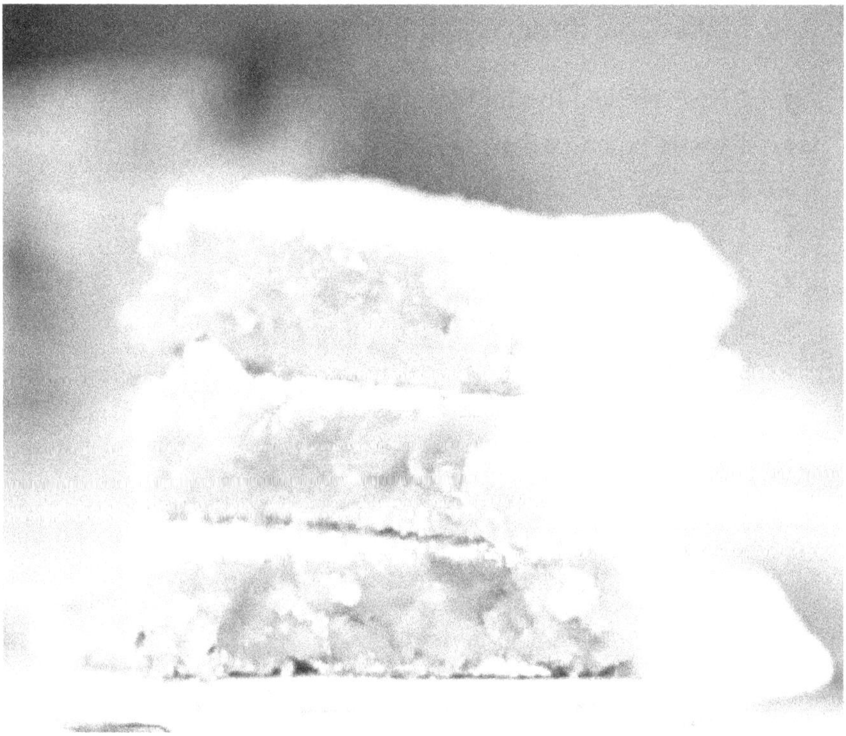

50. Makkelijke Butterscotch Bars

- 12-oz. verpakking butterscotch chips, gesmolten
- 1 kopje boter, zacht
- 1/2 kopje bruine suiker, verpakt
- 1/2 kopje suiker
- 3 eieren, losgeklopt
- 1-1/2 tl vanille-extract
- 2 kopjes bloem voor alle doeleinden

f) Doe in een kom butterscotch chips en boter; meng goed. Voeg suikers, eieren en vanille toe; meng goed.
g) Meng geleidelijk bloem erdoor. Giet het beslag in een licht ingevette 13"x9" bakvorm. Bak op 350 graden gedurende 40 minuten.
h) Laat afkoelen en snijd in vierkantjes. Voor 2 dozijn.

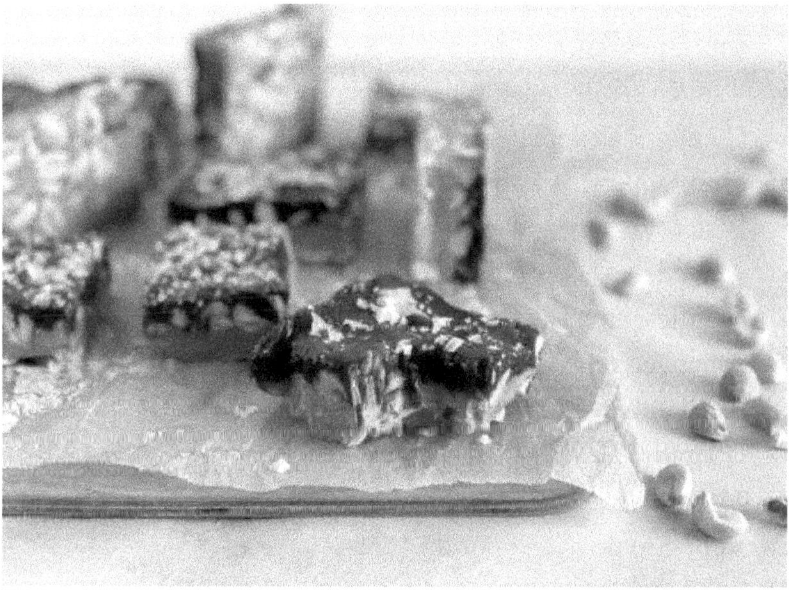

51. Kersen Amandelreep

Ingrediënten:
- Vanille-eiwitpoeder, 5 maatscheppen
- Honing, 1 eetlepel
- Eierkloppers, ½ kopje
- Water, ¼ kopje
- Amandelen, ¼ kopje, in plakjes gesneden
- Vanille-extract, 1 theelepel
- Amandelmeel, ½ kopje
- Amandelboter, 2 eetlepels
- Diepvriesdonkere zoete kersen, 1 ½ kopje

Methode:
a) Verwarm de oven voor op 175°C.
b) Snijd de kersen in blokjes en laat ze ontdooien.
c) Voeg alle ingrediënten, inclusief de ontdooide kersen, toe en meng goed.
d) Doe het mengsel in een ingevette bakvorm en bak het 12 minuten.
e) Laat het volledig afkoelen voordat u het uit de pan haalt en in repen snijdt.

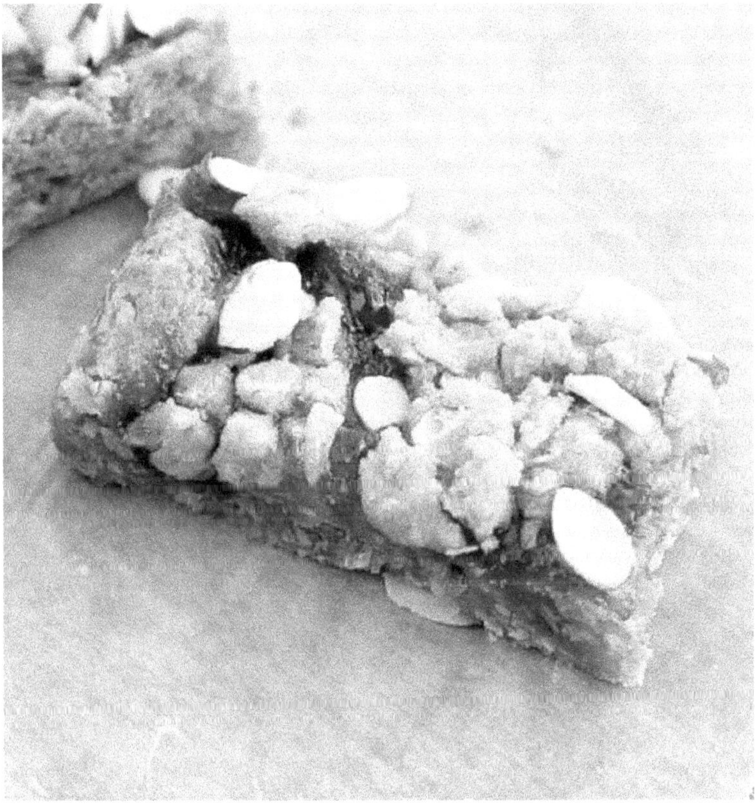

52. Karamel Crunch Bars

Ingrediënten:
- 1½ kopje havermout
- 1½ kopje bloem
- ¾ kopje bruine suiker
- ½ theelepel zuiveringszout
- ¼ theelepel zout
- ¼ kopje gesmolten boter
- ¼ kopje gesmolten boter
Garnering
- ½ kopje bruine suiker
- ½ kopje kristalsuiker
- ½ kopje boter
- ¼ kopje bloem
- 1 kopje gehakte noten
- 1 kopje gehakte chocolade

Routebeschrijving:
14. Breng de temperatuur van je oven naar 350 F. Doe havermout, bloem, zout, suiker en baking soda in een kom en meng goed. Doe je boter en de gewone boter erbij en meng tot het kruimels vormt.
15. Zet minimaal een kopje van deze kruimels apart om later te garneren.
16. Vet nu de pan in met een spray en verdeel het havermoutmengsel over de bodem van de pan.
17. Zet het in de oven en bak het een tijdje, haal het eruit als het bruin is en laat het afkoelen. Dan is het tijd om de karamel te maken.
18. Doe dit door de boter en suiker in een pan met een dikke bodem te roeren om te voorkomen dat het snel verbrandt. Laat het bubbelen nadat je de bloem hebt toegevoegd. Ga terug naar de havermoutbasis, voeg de gemengde noten en chocolade toe, gevolgd door de karamel die je net hebt gemaakt en maak het af met de extra kruimels die je apart hebt gezet.

19. Zet het geheel terug in de oven en laat het ongeveer 20 minuten bakken tot de repen goudbruin zijn.
20. Laat het na het bakken afkoelen voordat u het in de gewenste grootte snijdt.

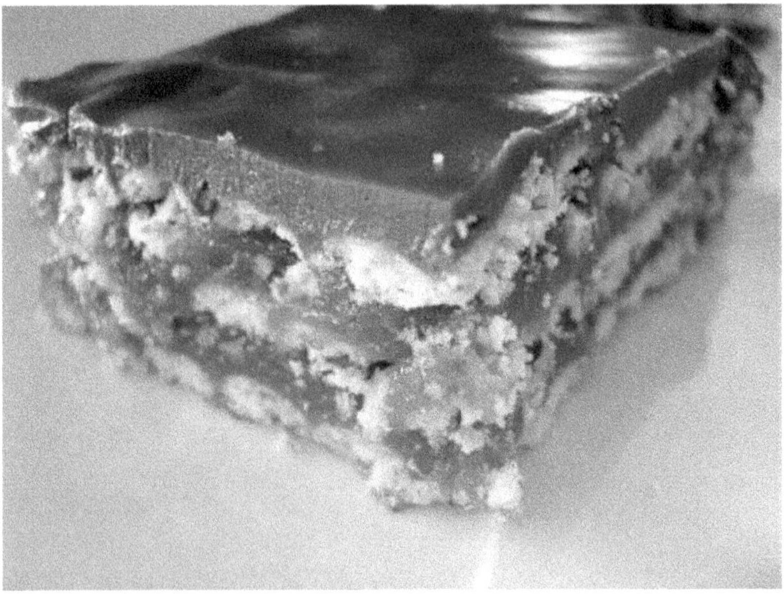

53. Tweemaal Gebakken Popcornrepen

Ingrediënten:

- 8 eetlepels cannaboter
- 6 kopjes marshmallows of mini-marshmallows
- 5 eetlepels pindakaas
- 8 kopjes caramel corn of popcorn
- 1 kopje pinda's, gehakt
- 1 kopje mini-chocoladechips

Voor de topping:

- ½ kopje mini-marshmallows
- ½ kopje mini-chocoladechips

Routebeschrijving

4. Verwarm de oven voor op 175 graden Celsius.
5. Bedek de bodem van een vierkante bakvorm van 23 cm met bakpapier.
6. Smelt de boter in een grote pan. Voeg de marshmallows toe en roer tot ze volledig gesmolten zijn. Roer de pindakaas erdoor.
7. Voeg de popcorn toe en meng tot het gelijkmatig verdeeld is. Verdeel de helft van het mengsel in de voorbereide pan. Druk de popcorn met vochtige, schone handen plat en probeer het gelijkmatig te maken.
8. Bestrooi met pinda's en chocoladechips.
9. Druk het overgebleven popcornmengsel op de pinda's en chocolade.
10. Bestrooi met de resterende marshmallows en chocoladechips en zet het geheel 5-7 minuten in de oven.
11. Laat het afkoelen en zet het daarna in de koelkast voordat u het aansnijdt.

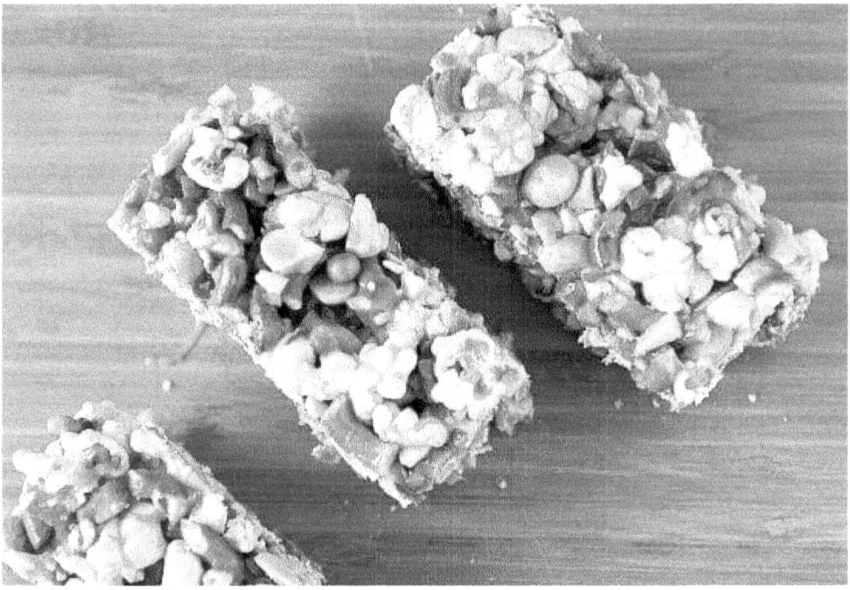

54. No-Bake Koekjesrepen
Ingrediënten:

- 1/2 kopje gesmolten boter
- 1 ½ kopjes Graham krokante kruimels
- Een pond banketbakkerssuiker (3 tot 3 1/2 kopjes)
- 1 ½ kopje pindakaas
- 1/2 kopje boter, gesmolten
- 1 (12 ounces) zak melkchocoladechips

Routebeschrijving:

6. Meng de Graham cracker kruimels, suiker en pindakaas en meng goed.
7. Voeg de gesmolten cannabisboter toe en meng tot alles goed gemengd is.
8. Druk het mengsel gelijkmatig in een bakvorm van 23 x 33 cm.
9. Smelt de chocoladechips in de magnetron of au bain-marie.
10. Verdeel het pindakaasmengsel erover.
11. Laat het afkoelen tot het net gestold is en snijd het in repen. (Deze zijn erg moeilijk te snijden als de chocolade 'steenhard ' wordt .)

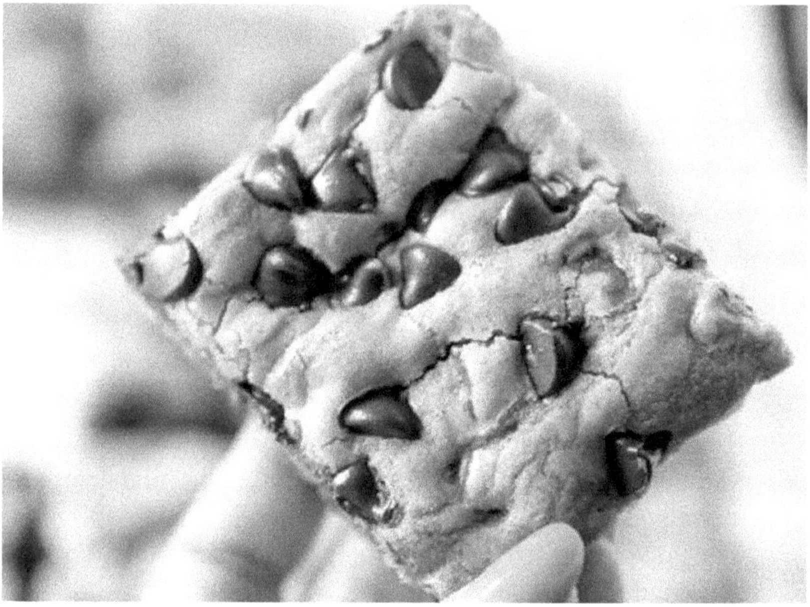

55. Amandel-citroenrepen

Opbrengst: 32 citroenrepen

Ingrediënten:

- 1/4 kopje kristalsuiker
- 3/4 kopje cannabis-boter (zacht)
- 1 theelepel citroenschil
- 2 kopjes bloem voor alle doeleinden
- 1/4 theelepel tafelzout

Voor het citroenreepbeslag:

- 6 grote eieren
- 2 kopjes suiker
- 1/4 kopje gehakte, gekristalliseerde gember
- 1/2 kop bloem voor alle doeleinden
- 1 theelepel bakpoeder
- 2 eetlepels citroenschil
- 2/3 kopje vers citroensap

Voor het amandelmengsel:

- 3/4 kopje bloem
- 1/2 kopje suiker
- 1/4 theelepel zout
- 1/4 kopje boter (gesmolten)
- 1/2 kopje gesneden amandelen
- Optionele garnering: een laagje poedersuiker, slagroom, enz.

Routebeschrijving:

Voor citroentaartbodem:

6. Verwarm de oven voor op 175 graden Celsius.
7. Gebruik een staande of handmixer en klop 1/4 kopje suiker, 3/4 kopje zachte boter en 1 theelepel citroenschil op

gemiddelde snelheid gedurende 2 minuten of tot het mengsel romig is.
8. Meng in een aparte grote kom 2 kopjes bloem en 1/4 theelepel zout. Voeg geleidelijk de droge ingrediënten (bloem en zout) toe aan de geklopte boter, suiker en eieren. Meng goed tot alles goed gemengd is.
9. Nadat de deegkorst is gemengd, bereid je een 9x13 inch bakvorm voor met wat antiaanbakspray. Zet de lege, ingevette schaal in de koelkast om te koelen gedurende ten minste 15 minuten voor het bakken.
10. Haal de schaal uit de koelkast en druk het deeg in de pan totdat er een gelijkmatige laag ontstaat. (Vergeet de hoeken niet!)
11. Bak de korst 15 tot 20 minuten in de voorverwarmde oven, of tot hij lichtbruin is.
12. Haal de korst uit de oven en verlaag de oventemperatuur naar 160 graden Celsius.
13. Laat de korst even aan de kant staan.

Voor het beslag van de citroenreep:

9. Klop de 6 eieren en 2 kopjes suiker door elkaar.
10. Doe in een keukenmachine of blender de 1/2 kop bloem samen met de 1/4 kop gekristalliseerde gember. Pulseer de twee ingrediënten samen tot ze volledig gemengd zijn. Ga verder met het gieten van de bloem en het gembermengsel in een middelgrote kom.
11. Roer 1 theelepel bakpoeder door het bloem-gembermengsel.
12. Voeg langzaam de bloem en het gembermengsel toe aan de kom met de eieren en de suiker.
13. Roer het citroensap en 2 eetlepels citroenschil erdoor tot het geheel goed gemengd en glad is.
14. Giet het citroenbeslag over de afgekoelde bodem en schud en schud de schaal heen en weer om eventuele luchtbellen te laten ontsnappen.
15. Bak de citroenrepen in de voorverwarmde oven gedurende 15 tot 20 minuten, of totdat de citroenvulling net gestold is.
16. Haal de citroenrepen uit de oven en leg ze even aan de kant.

Voor het gesneden amandelmengsel:

4. Roer de resterende 3/4 kopje bloem, 1/2 kopje suiker en 1/4 theelepel zout door elkaar in een kleine kom.
5. Giet er 1/4 kopje gesmolten boter bij en roer de ingrediënten tot ze goed gemengd zijn.
6. Voeg het halve kopje geschaafde amandelen toe en roer nog een keer.
7. Strooi het amandel-suikermengsel over de warme citroenrepen en doe de citroenrepen vervolgens nog eens 20 tot 25 minuten terug in de oven, of tot ze licht goudbruin zijn.
8. Haal de citroenrepen uit de oven en laat ze afkoelen in de ovenschaal op een rooster gedurende minimaal 1 uur.
9. Snijd de citroenrepen in individuele stukken en serveer ze direct, eventueel met een snufje poedersuiker.

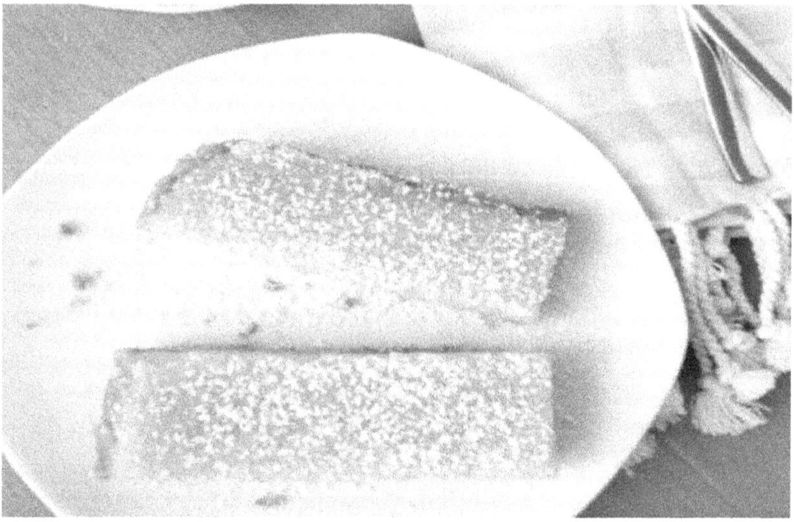

56. Chocolade reep

Ingrediënten:

- 1/4 kopje boter
- 4 kopjes chocolade

Routebeschrijving:

6. Smelt de chocolade in een schone, droge kom boven een pan met nauwelijks kokend water. Als je de chocolade wilt temperen, voeg dan je boter toe.
7. Zodra de chocolade gesmolten is (en getempereerd, als je de chocolade tempereert), haal je de kom uit de pan en veeg je het vocht van de bodem van de kom.
8. Giet of schep een laagje chocolade in je mallen. Klop ze een paar keer op het aanrecht om de chocolade gelijkmatig te verdelen en eventuele luchtbellen te laten ontsnappen; werk dan snel en bedek met allerlei soorten noten, gedroogd fruit of andere ingrediënten die je lekker vindt en druk ze er lichtjes in.
9. Je kunt ook ingrediënten door de chocolade roeren, bijvoorbeeld geroosterde noten, zaden, geraspte rijst, fijngehakte marshmallows of andere ingrediënten. Giet het mengsel vervolgens in de vormen.)
10. Zet de repen onmiddellijk in de koelkast tot ze stevig zijn. Als er getemperde chocolade wordt gebruikt, mag het niet langer dan vijf minuten duren voordat ze stevig zijn. Anders duurt het langer voordat de chocolade hard is.

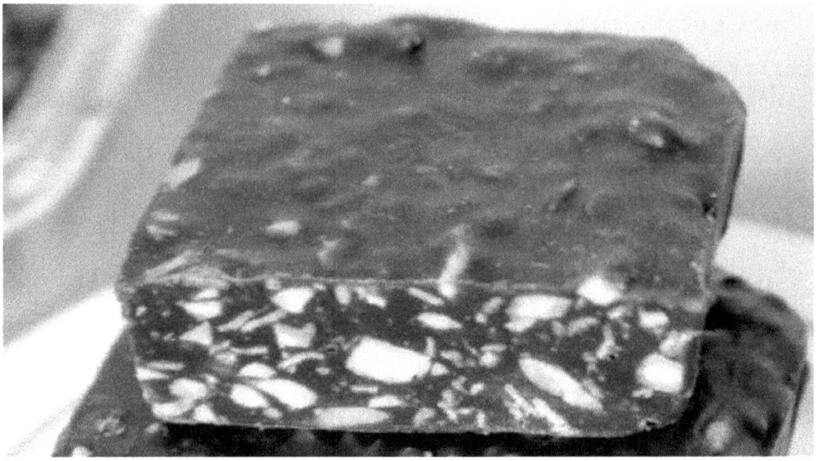

57. Havermoutrepen

Bereidingstijd: 15 minuten
Kooktijd: 25-30 minuten
Porties: 14-16

Ingrediënten:
- 1¼ kopje ouderwetse havermoutvlokken
- 1¼ kopje bloem voor alle doeleinden
- ½ kopje fijngehakte geroosterde walnoten (zie opmerking)
- ½ kopje suiker
- ½ theelepel zuiveringszout
- ¼ theelepel zout
- 1 kopje boter, gesmolten
- 2 theelepels vanille
- 1 kopje jam van goede kwaliteit
- 4 hele graham crackers (8 vierkantjes), verkruimeld
- Slagroom, om te serveren (optioneel)

Routebeschrijving.

4. Verwarm de oven voor op 350°F. Vet een vierkante bakvorm van 9 inch in. Doe havermout, bloem, walnoten, suiker, baking soda en zout in een kom en meng ze. Meng de boter en vanille in een kleine kom. Voeg het botermengsel toe aan het havermengsel en meng tot het kruimelig is.
5. Reserveer 1 kopje voor de topping en druk het resterende havermengsel in de bodem van de bakvorm. Verdeel de jam gelijkmatig over de bovenkant. Voeg de verkruimelde crackers toe aan het overgebleven havermengsel en strooi de jam erover. Bak het ongeveer 25 tot 30 minuten, of tot de randen bruin zijn. Laat het volledig afkoelen in de pan op een rek.
6. Snijd in 16 vierkantjes. Serveer, voeg eventueel een toef slagroom toe.
7. U kunt het beter bewaren in een glazen pot in de koelkast.

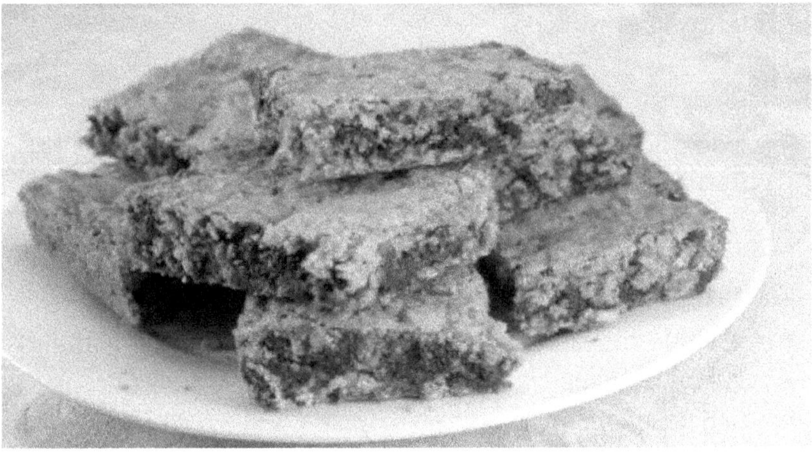

58. Kauwbare Pecannotenrepen

Ingrediënten:
- Antiaanbakspray voor bakken
- 2 kopjes plus
- 2 eetlepels bloem voor alle doeleinden, verdeeld
- ½ kopje kristalsuiker
- 2 eetlepels plus
- 2 theelepels boter
- 3½ theelepels ongezouten boter, in stukjes gesneden
- ¾ theelepel plus een snufje koosjer zout, verdeeld
- ¾ kopje donkerbruine suiker
- 4 grote eieren
- 2 theelepels vanille-extract
- 1 kopje lichte maïstroop
- 2 kopjes gehakte pecannoten
- Pecannoten gehalveerd

Routebeschrijving:

11. Verwarm de oven voor op 175°C. Vet de pan in met antiaanbakspray en bekleed hem met bakpapier dat aan twee kanten over de pan hangt, zodat je de repen gemakkelijk uit de pan kunt tillen.
12. Met behulp van een blender of keukenmachine, pulseer bloem, de suiker, soorten boter en ¾ theelepel zout tot gemengd. Het mengsel zal klonten vormen.
13. Doe het deeg in de voorbereide pan. Druk het stevig en gelijkmatig aan op de bodem van de pan. Prik de korst overal in met een vork en bak tot het licht tot medium goudbruin is, 30 tot 35 minuten.
14. Doe de bruine suiker, de overige 2 eetlepels bloem, een snufje zout, eieren, vanille en glucosestroop in dezelfde kom van de

keukenmachine. (Voeg de glucosestroop als laatste toe, zodat deze niet aan de bodem van de keukenmachine blijft plakken.)
15. Pulseer tot alles goed gemengd is. Doe het mengsel in een grote kom
en voeg de pecannoten toe.
16. Verdeel het pecannotenmengsel gelijkmatig over de gebakken korst. Leg een paar extra pecannotenhelften bovenop de vulling als decoratie.
17. Zet de pan terug in de oven en laat het bakken tot het midden net gaar is, 35 tot 40 minuten. Als de binnenkant nog wiebelt, bereid je dan nog een paar minuten voor; als je merkt dat de repen in het midden beginnen te rijzen, haal ze er dan meteen uit. Leg ze op een rek en laat ze afkoelen voordat je ze in 16 (2-inch) vierkanten snijdt en de repen eruit haalt.
18. Bewaren: Bewaar de repen in een luchtdichte container op kamertemperatuur gedurende 3 tot 5 dagen of vries ze in tot 6 maanden. Ze kunnen erg plakkerig zijn, dus wikkel ze in bakpapier of vetvrij papier.

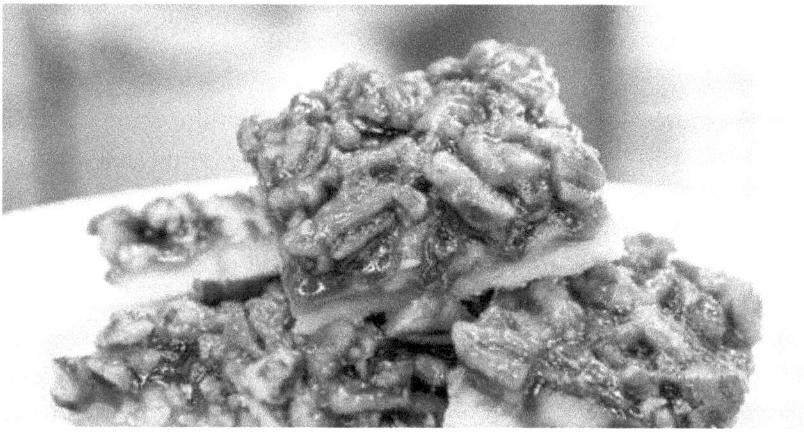

CONCLUSIE

De beste dessertrepen hebben meestal verschillende smaken en zijn er in veel variaties. De mogelijkheden zijn eindeloos, kijk wat je kunt bedenken!

Dessertrepen zijn ook een heel mooi kerstcadeau of een ander speciaal cadeau voor vrienden en familie. Wie wil er nou geen prachtig versierd pakketje met zelfgemaakte dessertrepen? Dat zou wel eens een van de beste cadeaus ooit kunnen zijn! Ze zijn behoorlijk lang houdbaar en kunnen een paar dagen van tevoren worden gebakken. Ze kunnen ook in de vriezer worden bewaard als ze strak in plasticfolie worden verpakt.
Met dit kookboek zorgen we er zeker voor dat uw gasten nog een keer terug willen komen voor een volgend gerecht!

Milton Keynes UK
Ingram Content Group UK Ltd.
UKHW032050231124
451423UK00013B/1174